犀の角のようにただ独り歩め

――「スッタニパータ」

「文明の衝突」はなぜ起きたのか

晶文社

装丁　アジール（佐藤直樹＋遠藤幸）

はじめに

一一・九から九・一一へ

一九八九年一一月九日の夜、まさに呆気なく、ベルリンの壁が最期を迎えた。そして、それから一ヵ月も経たない一二月三日、マルタ島での米ソ首脳会談において、四四年に亘って続いた東西冷戦の終結が宣言される。長く世界を二分して来た対立が解消し、核戦争の脅威は過ぎ去った……。多くの人々が、そう感じた。少なくとも、そのように期待したに違いあるまい。

事実、一九九〇年秋には、お祭り騒ぎの中で東西ドイツが統一される。そして、一九九一年の末には、東側世界の中心であったソビエト連邦そのものが解散するのである。一一・九から数えて、わずか二年余の出来事であった。当然のことながら、アメリカとソ連の核戦争など、もう絶対に起こりえない。新しい世紀を目前に控え、壁のないグローバルな世界が実現し、平和で豊かな時代が訪れる。人々の期待は、確信へと変わってゆく。当時の人類にとって、来るべき二一世紀は、希望に満ちた未来に映ったに違いあるまい。

だが、二一世紀の幕開けには、とんでもない出来事が待っていた。二〇〇一年九月一一日、アメリカ同時多発テロが発生するのである。一一・九に芽生えた淡い夢は、まさに呆気なく、九・一一に散ってしまった。これを大きな契機として、人類を隔てる新たな壁が現れ、冷戦ならぬテロの熱い炎が世界を脅かしてゆくことになるのである。東西冷戦の終結も束の間、今度は「テロとの闘い」なるものが始まってしまったのだ。

テロとの闘い

いわゆる〈イスラム教過激派〉による自爆テロは、その名のとおり非常に過激であり、極めて特異な人々の所業だと見なされている。だからこそ、そんな特異な人々とは共存できないという話になってしまうのであろう。だが、欧米諸国では、九・一一を含め、〈イスラム教過激派〉による自爆テロが、「カミカゼ（kamikaze）」という用語で形容されることも多い。言うまでもなく、その由来は、旧大日本帝国海軍の神風特別攻撃隊に他ならない。要するに、日本人の行為なのだ。

なるほど、戦争において敵を攻撃する行為は、市民を標的にしたテロとは違うという理屈は成り立つだろう。しかしながら、いわゆる〈イスラム教過激派〉にしても、「聖戦（ジハード）」の一環としてテロを実行しているのだ。少なくとも、テロリストと呼ばれる者たち自身は、犯罪に加担するためではなく、正義のために命を捧げているつもりなのである。こう考えると、「カミカゼ」に散った若い命に対して、いささか複雑な感情を覚えざるを得ない。単に打ち負かすべき絶対悪なのか。そんなに悪い奴らなのか。そして、そんなに自分たちとは異質な人々なのか……。

もちろん、特攻隊を美化するつもりはないし、テロ行為を容認するわけでもない。イスラム原理主義に肩入れしたいわけでもない。むしろ、人類の平和と共存のためには、あらゆるテロリズムと闘わなければならないだろう。しかしながら、その闘いは、私利私欲にまみれた窃盗団との闘いと同じではない。邪悪な犯罪者は、自分の命を犠牲に捧げることなどないだろう。だが、テロとの闘いの相手は、自らの命さえ犠牲に捧げる人々なのだ。その事実を軽く見てはならない。

いずれにせよ、泥縄的な武力闘争に終始するだけでは、事態の終息は望めないだろう。そもそも、皆殺しを「最終的解決」だと言うのであれば、ヒトラーと何も変わらない。銃の力で勝ることよりも、お互いが銃を置くことが求められているのである。そのためにも、まずは現実を知ることから始めよう。理性的な解決は、具体的な知識を抜きに実現するものではないからである。

何を知るべきなのか

太平洋戦争時、旧大日本帝国海軍の神風特攻隊を目の当たりにしたアメリカ兵たちは、大いに驚いたと言われている。賛否や評価は別にして、少なくとも驚いたことは事実であろう。なぜ、あんなことをするのか。なぜ、あんなことが出来るのか。そう思ったに違いあるまい。実際、欧米人は神風特攻隊を表現する言葉を持たなかったようである。だからこそ、それに「カミカゼ」という単語を宛てたのであろう。*1

では、アメリカの人々が、日本的な「カミカゼ」を理解するためには、どうすればよいであろうか。日本の伝統文化を学べば、それで疑問が解消するであろうか。あるいは、「神風」という言葉が『日本書紀』にも登場する神道用語であることに照らして、神道の教義を体得すれば特攻隊の意味も分かるのだろうか。おそらく、そうではあるまい。そもそも、神風特攻隊は、二〇世紀の近代日本に現れたものなのだ。

ならば、二一世紀の〈イスラム教過激派〉による自爆攻撃にしても、同じことが言えるだろう。その責任をイスラム教という宗教に求めるのは、かなり的外れなのだ。神風特攻隊を非難する人も、その責任を神道の教義に求めることはあるまい。むしろ、知らなければならないのは、現実的な歴史であり、具体的な政治状況であり、同時代に生きる人間の所業なのである。

同様のことは、もう一方の当事者に対しても言えるだろう。今世紀に入り、ヨーロッパ諸国では反イスラム教感情が高まっているとされている。実際、二〇一四年五月の欧州議会議員選挙では、イスラム教系移民の受け入れに反対するポピュリズム勢力が大いに躍進した。だが、イスラム教系移民の増加を、アルカイダやイスラム国（IS）の問題と短絡的に結び付けてはならない。ましてや、それをイスラム教とキリスト教の宗教的対立に還元してしまってはならない。ヨーロッパの出来事において、まず考えなければならないのは、ヨーロッパ自体の社会状況なのである。

何にせよ、イスラム教とイスラム教過激派を安易に関連づけることは避けなければならないし、イスラム教過激派の問題とイスラム教系移民の問題は分けて考えなければならないのである。むしろ、そうした混同こそが、状況を悪化させる要因の一つなのだ。ここでも、知

＊1…例えば「kamikaze」という横文字名詞に対して、『コンサイス英和辞典〔第一三版〕』は「神風特攻隊機［隊員］」という訳語を宛てているし、『新スタンダード仏和辞典』は「(第二次世界大戦の) 神風特攻機；神風特攻隊員」という語義を載せている。

らなければならないのは、極めて現実的かつ政治的な社会情勢なのである。

文明の衝突

二一世紀の世界が直面する困難は、しばしば「文明の衝突（Clash of Civilizations）」という視点で捉えられる。なるほど、世界には多様な文化や言語や宗教が存在するし、それぞれが他とは相入れない独自性を含んでいることは事実であろう。ただし、物事を比較する際に忘れてはならないのは、それを観察する縮尺だ。例えば、人物を比較する場合、非常に巨視的に見れば、人間など誰でも似たようなものだということも出来るだろう。だが、結婚相手を選択する場合なら、そんな大雑把な比較で済ませる者はあるまい。非常に細かく比較すると、一人一人の人間は、それぞれに異なった価値観や思想や人生経験を持っているからである。

多様な文明を比べる際にも、同様の注意を怠ってはならない。異質な点ばかりを探せばきりがないだろうが、類似点の方も数多く存在するはずなのである。極端な話、不一致を強調して対立を煽るのか、一致点を求めて協調を模索するのかは、当事者たちの意思に掛かっているのだ。このことは、具体的な人間関係と変わるところがない。自分とは異なる価値観や思想を持った人とは共存できないと言い張るのでは、まさに憎悪表現（ヘイトスピーチ）の論理であろう。そんな頑な態度では、常識的な社会生活そのものさえ成り立つまい。同様に、「文明の衝突」を自明な前提だと見なしている限り、文字どおり衝突しか生まれないのである。

もちろん、他者との共存は、何の努力もなしに実現するものではない。現実の世界は、対立と衝突に満ち溢れている。世界史は、闘争と葛藤の繰り返しであった。それでも、改めて考えよう。ある文明と他の文明との間の隔たりは、本当に共存不能なほど大きいのだろうか。人類は、何によって分断されているのだろうか。我々を隔てる壁は、何によって築かれているのだろうか。そうしたことを、敢えて愚直に考えてみたいと思うのである。

ロシア
ウクライナ
カザフスタン
黒海
ジョージア
アルメニア
アゼルバイジャン
ウズベキスタン
キルギス
トルコ
トルクメニスタン
タジキスタン
シリア
イラク
イラン
アフガニスタン
ヨルダン
クウェート
カタール
パキスタン
バーレーン
アラブ
首長国連邦
サウジアラビア
インド
オマーン湾
オマーン
エリトリア
イエメン
アラビア海

ヨーロッパ・中東・北アフリカ諸国

「文明の衝突」はなぜ起きたのか　目次

はじめに　005

第一章　イスラム教成立小史

第二章　新しい過激派組織イスラム国（ＩＳ）

第三章　二一世紀でなぜテロ事件は多発するのか

第四章　ヨーロッパの近代化がもたらした戦乱

第五章　混迷する中東・北アフリカ情勢

第六章　近代の過ちはどこにあったのか

第七章　移民をめぐる状況

第八章　どこにアイデンティティーを求めるか

第九章　偶然の歴史の必然的な結果として

第一章　イスラム教成立小史

「テロとの闘い」で求められる知識とは

日本では、とりわけ二〇〇一年のアメリカ同時多発テロ事件以後、イスラム教徒は過激だという印象を抱く人が増えているかもしれない。こうした傾向は、二〇一四年に「イスラム国（IS）」を自称する集団が独立を宣言し、世界各地でテロ活動を展開するようになると、さらに顕著になっているのではないだろうか。あるいは、全く逆に、過激な暴挙に出るのは例外的な一部のイスラム教徒に過ぎず、宗教など大した問題ではないと考える人もいるだろう。

もちろん、圧倒的大多数のイスラム教徒は、一般市民を標的にしたテロ活動や戦闘行為に参加していない。おそらく、そんなことに加担したイスラム教徒よりも、その攻撃の犠牲になったイスラム教徒の方が、比較にならないほど多いに違いあるまい。その意味で、宗教の影響を過大視すべきではないという考え方は間違っていないだろう。

多くのイスラム教徒に共通する行為の場合なら、その行為の意味や源泉を、イスラム教の教義の中に見つけられるかもしれない。豚肉を食べないことや、酒を飲まないことなどが、これに当たるだろう。だが、イスラム教の名の下に自爆テロや戦闘行為を実行する者は、ごく少数に過ぎない。さらに言えば、イスラム教徒を自称するテロリストたちが皆、本当にイスラム教に関する知識を持っているか否かも定かではないのだ。このように考えるならば、「テロとの闘い」の中で求められる知識は、純粋に宗教的な事柄ではないと思われるのである。

それでも、アメリカ同時多発テロ事件を引き起こしたアルカイダが「イスラム主義」を掲げ、いわゆるイスラム国（ＩＳ）が文字どおり「イスラム」を名乗っていることもまた、厳然たる事実である。さらに、イスラム国（ＩＳ）に参加する者たちが、自らの行為をイスラム教の名の下に正当化していることも事実である。そう考えると、イスラム教について何も知らなければ、〈イスラム教過激派〉を理解することも出来ないと思われるのである。少なくとも、イスラム教の成立から今日に至るまでの歴史的経緯は、知っておく必要があるだろう。以下では、ごく簡略にではあるが、この点を整理してみることにする。

イスラム教の源流

イスラム教は、西暦六一〇年、メッカ（マッカ）の郊外にあるヒラー山において、預言者のムハンマド（マホメット）が神から最初の啓示を受けたことから始まるとされている。ちなみに、日本語で言う「西暦」とは、イエスの誕生を元年とするキリスト教暦であり、六世紀頃にローマの神学者によって作られたものである。ただし、後に暦計算の間違いが発見され、イエスは西暦元年の生まれではなく、紀元前四年の生まれになってしまうとのことである。もちろん、西暦は万国共通のものではない。実際、イスラム圏ではイスラム教暦（ヒジュラ暦）が使われているし、タイやカンボジアやラオスなどでは仏暦が用いられているのである。

ともあれ、ムハンマドに啓示を与えた神は、ユダヤ教やキリスト教の神と同じである。敢えて歴史的事実だけに着目すれば、まずユダヤ教があり、そこからキリスト教とイスラム教が順に派生したということになろう。イスラム教そのものは七世紀に始まるにしても、その源流は非常に古いのである。そこで、少しばかり遠回りかもしれないが、まずはユダヤ教の話から始めよう。

ユダヤ人の民族宗教

ユダヤ教は、ごく大雑把に言えば、ユダヤ人の民族宗教だということになろう。ユダヤ人の祖先は、紀元前一五世紀頃にメソポタミアからカナンの地（現在のパレスチナ地方）に移住した遊牧民だと言われている。ただし、その当時、ユダヤ人という名称はまだ存在しなかった。カナンの地に移り住んだ遊牧民たちは、他民族からはヘブライ人と呼ばれ、自分たちはイスラエル人を名乗っていたのである。なので、ユダヤ教という名称もまた、当時は存在しなかった。ともあれ、このイスラエル人たちの間で紀元前一三世紀頃から信仰されていた宗教が、後にユダヤ教と呼ばれることになるのである。

当初は宗教的な連合体であったイスラエル人たちは、紀元前一〇〇六年頃、サウルを指導者としてイスラエル王国という国家を持つことになった。そして、サウルの後を継いだ第二代のダビデ王が、ユダヤ人の内部対立を収め、エルサレムを都とするイスラエル王国を建設してゆくのである。こうしたことから、後のユダヤ人たちは、ダビデ王を、自民族の統一国家を繁栄させた理想の王だと考えるようになった。そして、世の終末にはダビデ家から救世主[*2]（キリスト）が出現し、聖地エルサレムを中心とする神の国をもたらすと信じるようになったのである。少なくとも、イエスの時代のユダヤ人たちにとっては、そうした考えが一般的であった。

ただし、ユダヤ教が厳密な形で確立されたのは、いわゆるバビロン捕囚以後である。紀元前六世紀、イスラエル人たちは新バビロニア王国のネブカドネザル二世に征服され、その大部分が捕虜としてメソポタミアのニップール近郊に連行されてしまう。このバビロン捕囚は約半世紀に亘るのであるが、新バビロニア王国そのものの滅亡によって、強制連行された人々も解放されることになる。だが、カナンの地への帰還後に民族として存続できたのは、イスラエル人の中でもユダ部族だけであった。この「ユダの人々（イェフディー）」は、長く辛い捕囚経験を通して、民族としての内的結束を固め、さらには宗教的な一体性を強めてゆくのである。

かくして、故郷に帰還したイスラエル人たちは、エルサレムの神殿を再建し（第二神殿時代）、自分たちの信仰を深めてゆく。すなわち、イスラエルの民を選んで契約を結んだ唯一神が、いつの日かメシア（＝救世主／キリスト）を地上に遣わせるというわけである。これが、いわゆる選民思想であり、メシア信仰に他ならない。また、こうしてユダ部族を中心に確立

＊2…ヘブライ語の「メシア（マーシアハ）」がギリシャ語で「キリスト（クリストス）」となり、それを和訳したのが「救世主」である。要するに、メシア、キリスト、救世主は同じ存在であり、それをヘブライ語、ギリシャ語、日本語で表現しただけに過ぎない。

された宗教がユダヤ教（ヤハドゥート）と呼ばれるようになり、その信徒がユダヤ人と呼ばれるようになったのである。

キリスト教の起こり

ユダヤ教がユダヤ人の民族宗教という性格を強く持つのは、その歴史的な成立過程に起因しているのであって、ユダヤ人たちが生得的に閉鎖的だからではない。むしろ、捕囚によって課された閉鎖的な状況が、独自のアイデンティティーを形成する契機になったのだ。そして、ユダヤ人たちは、バビロン捕囚から解放された後も、苦難と混乱に満ちた歴史を歩むことになる。次に待っていたのは、ローマ帝国による支配であった。それは、イエスの生まれた時代でもあるのだが、少なくともユダヤ人にとって、イエスはメシア（救世主）ではなかった。

ダビデ王の時代が遠く過ぎ去り、紀元前一世紀になると、カナンの地はローマ帝国の属州にされてしまう。エルサレムから一〇〇キロほど離れたガリラヤでイエスが生まれたのは、この時期であった。イエスは、ローマ帝国の支配下に置かれたユダヤ人同胞に対して神の教えを説き、多くの弟子たち――一二使徒が代表格――を集めてゆく。そして、この弟子たちが――特にイエスの死後――イエスこそ「救世主（キリスト）」だと信じたのである。端的に言えば、これがキリスト教の起こりだということになろう。

キリスト教徒とは、イエスをキリストだと信じた人々に他ならない。だからこそ、キリスト教徒は、イエスを「イエス・キリスト」と呼ぶのである。この表現は、「キリストであるイエス」という意味であり、イエスに対するキリスト教徒の信仰そのものを表している。逆に言えば、歴史的に存在したのはイエスという名を持つ人間であり、それ以上でも以下でもないということになろう。イエスを単なる人間と見なすか「神の初子」と見なすかは、あくまでも信仰上の問題なのである。

ユダヤ教からの分離

実際、当時のユダヤ人の多くは、イエスをキリスト（メシア）だと信じなかった。信じないどころか、イエスなど王位を僭称する罪人に過ぎないと考え、その身柄をローマ帝国側に引き渡してしまう。その結果、イエスは磔刑に処せられることになるのである。この時点で、ユダヤ教からキリスト教が分離することになった。しかしながら、地上にキリスト（救世主）が出現するということ自体が、そもそもユダヤ教を根拠としている点を忘れてはならない。

すなわち、ユダヤ教を全否定してしまうと、キリスト教そのものが成り立たないのである。

そのことは、両宗教の正典を見れば一目瞭然であろう。キリスト教の正典は、言うまでもなく『聖書』である。そして、これまた周知のとおり、キリスト教の『聖書』は、『旧約聖書』と『新約聖書』の二部構成になっている。簡単に言えば、前半部の『旧約聖書』はユダヤ教の聖典であり、そこにキリスト教に固有の『新約聖書』が付け加えられたのだ。神と人間が交わした契約のうち、ユダヤ教時代からの古い方が「旧約」で、イエスが伝えた新しい約束を記したのが「新約」だというわけである。もちろん、旧や新というのは、キリスト教徒の言い方に過ぎない。ユダヤ教徒にとっての正典は、今でも〈旧約〉の『聖書』のみなのである。

初期のキリスト教徒たちにとって、最大の苦難は、イエスを処刑したローマ帝国による迫害と弾圧であった。キリスト教徒たちは皇帝崇拝を受け入れなかったので、ローマ帝国側から敵視されてしまったのである。とりわけ、ディオクレティアヌス帝の大迫害は、よく知られているところであろう。だが、この大迫害が失敗に終わると、ローマ帝国の側も方針の転換を余儀なくされた。キリスト教徒を撲滅するのではなく、体制内に取り込もうとしたのである。かくして、三一三年、ローマ帝国はキリスト教を公認することになった。そして、三九二年には、何とキリスト教がローマ帝国における唯一の国家宗教（国教）となるのである。

このことが、キリスト教の広まりに対して有利に働いたことは否定できない。実際、当時はローマ帝国の一部であったエジプトもまた、まぎれもないキリスト教圏になったのである。

預言者ムハンマドの登場

そして、七世紀に入ってから、ようやくムハンマドが登場するのだ。イスラム教において、ムハンマドは預言者だとされている。もちろん、未来を「予言」する超能力者のことではない。預言者とは、神の言葉を預かって地上に遣わされた人間という意味である。そして、極めて大雑把に言うならば、イスラム教徒にとっての預言者ムハンマドは、イエスが伝え損なった教えを、神から改めて預かって来た人間だということになろう。

イスラム教徒にとって、イエス（イーサー）もまた、神から地上に遣わされた預言者に他ならない。神は、自らの言葉を伝えるため、かつて預言者イエスを地上に遣わしたというわけである。この点において、イスラム教とキリスト教の理解は、かなり共通していると言えるだろう。ただし、イスラム教徒にとって、イエスは——ムハンマドと同様——神の言葉を預かって来た一人の「人間」であり、神の子として崇拝する対象ではない。人間であるならば、神の教えを伝え損なうことだって起こり得るのである。

イスラム教において、イエスは預言者ではあるが、時代的な混乱に巻き込まれた上、活動期間が短かったことも相俟って、神の言葉を正しく伝えることが出来なかったと考えられている。だからこそ、神はムハンマドを地上に遣わし、その教えを改めて伝えようとしたというのである。となると、それまでキリスト教徒は間違いを犯していたということになるのだが、本来のイスラム教は、そのことを責めるものではない。正しい教えを知らなかったのだから、それも仕方がないと考えるのである。

ジハードで拡大したイスラム教

ともあれ、ヒジュラ暦元年――西暦六二二年――に最初のイスラム教徒共同体（ウンマ）が誕生した頃、その信者数は百数十人ほどだったと言われている。そこで、ムハンマドは、奮闘努力して布教活動を行った。これこそが、「ジハード（聖戦）」に他ならない。イスラム教とイスラム教徒共同体を護り、それらを広げてゆくために奮闘努力することが、「ジハード」なのである。[*3] となると、論理的に、異教徒からの迫害や攻撃に対して剣を持って戦うこともまた、紛れもない「ジハード」だということになろう。命を懸けて戦うほどの奮闘努力（ジハードの原意）は、他にないからである。

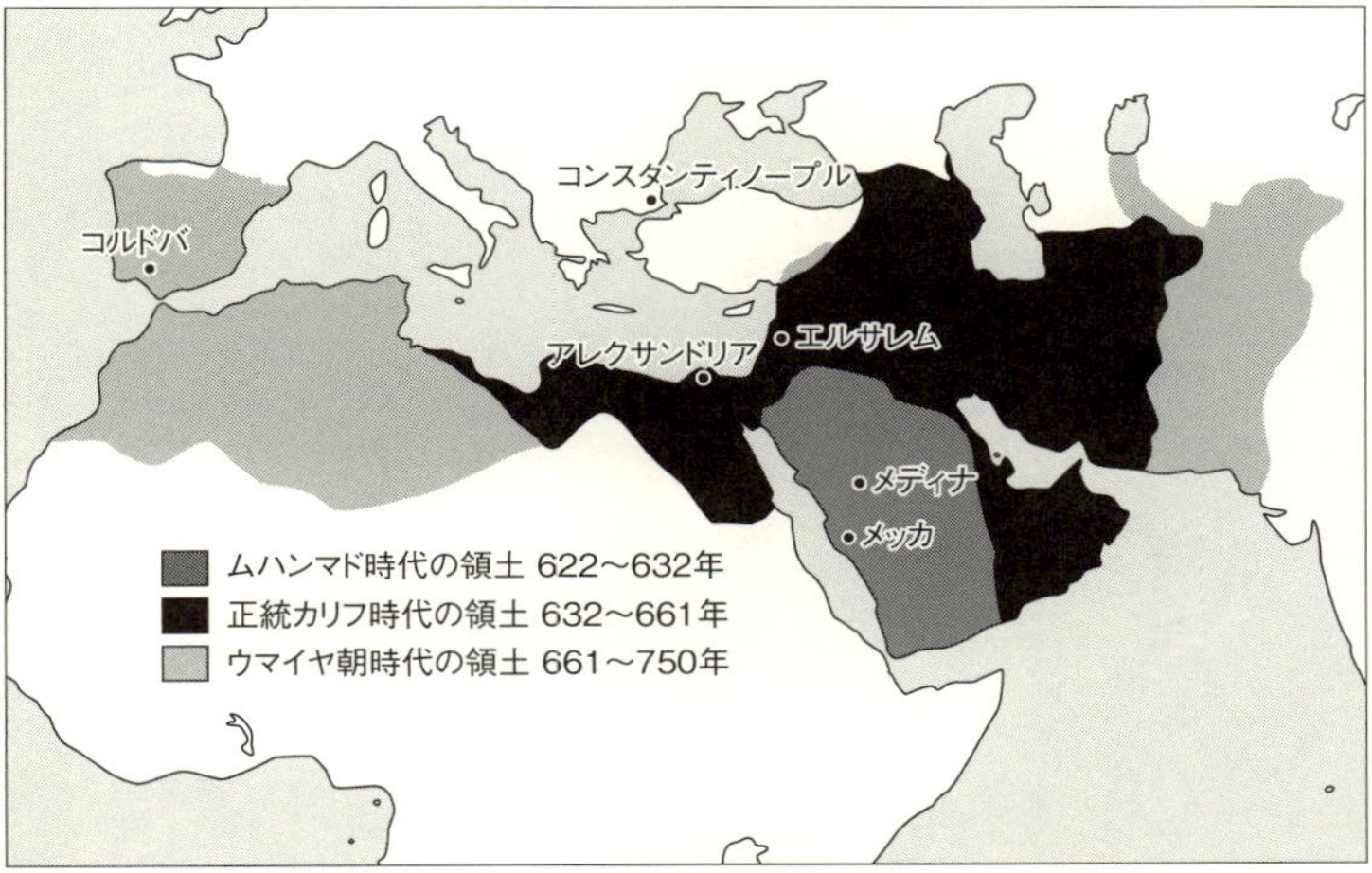

イスラム教圏の拡大

実際、ムハンマド自身もまた、西暦六二四年のバドルの戦いを皮切りに、メッカからの迫害に対して武力で立ち向かった。そして、六三〇年には、ついにメッカを征服するのである。イスラム教の拡大は、その最初期からして、征服によるものだったのだ。この歴史的事実は、否定できない。ムハンマドの没後も、六三四年に二代目カリフ（ムハンマドの代理人として二番目）に就任したウマルは、翌年にダマスカスを占領したのを皮切りに、六三八年にはエルサレムを占領し、六四〇年に

*3…世界はイスラム法（シャリア）の支配する「ダール・ル・イスラム：Dār al-Islām／イスラムの家（地）」と、それ以外の「ダール・ル・ハルブ：Dār al-Harb／闘いの家（地）」とに二分され、後者を征服によって前者にすることがジハードの目的だとされている。

はシリア全土を手中に収め、六四一年にはエジプトを征服した上、ササン朝ペルシャを滅ぼし、イスラム教圏を一気に拡大した。さらに、ウマイヤ朝――六六一年~七五〇年:ウマイヤ家によるイスラム王朝――の最盛期には、東はインダス川流域から中央アジアにかけて、西はモロッコやイベリア半島にまで至る大帝国が建設され、それに伴って巨大なイスラム教圏が形成されたのである。

なるほど、イスラム教徒の理屈に立てば、自分たちの征服は単なる侵略や略奪ではなく、あくまでもイスラム教を広め、その共同体を拡大する行為であったということになるのだろう。イスラム教勢力による被征服民に対する処遇は、七世紀という時代に照らす限り、概して寛大であったとも言われている。実際、被征服民にイスラム教への改宗を要求する一方で、人頭税(ジズヤ)の支払いと引き換えに、イスラム教に改宗しない異教徒にも生存権を保障していたのだ。[*4] さらに、ウマイヤ朝時代はアラブ人中心主義が強かったものの、八世紀半ばのアッバース革命以後は、神の下でのイスラム教徒の平等という原則が打ち立てられたのである。

だが、征服された側の心情は、それほど単純ではなかったに違いあるまい。例えば、ウマイヤ朝の軍勢は、七世紀半ばから北アフリカのマウレタニア地方に侵攻するのであるが、そこで先住民のベルベル人(Berbéres)から激しい抵抗を受けることになる。それは何十年も

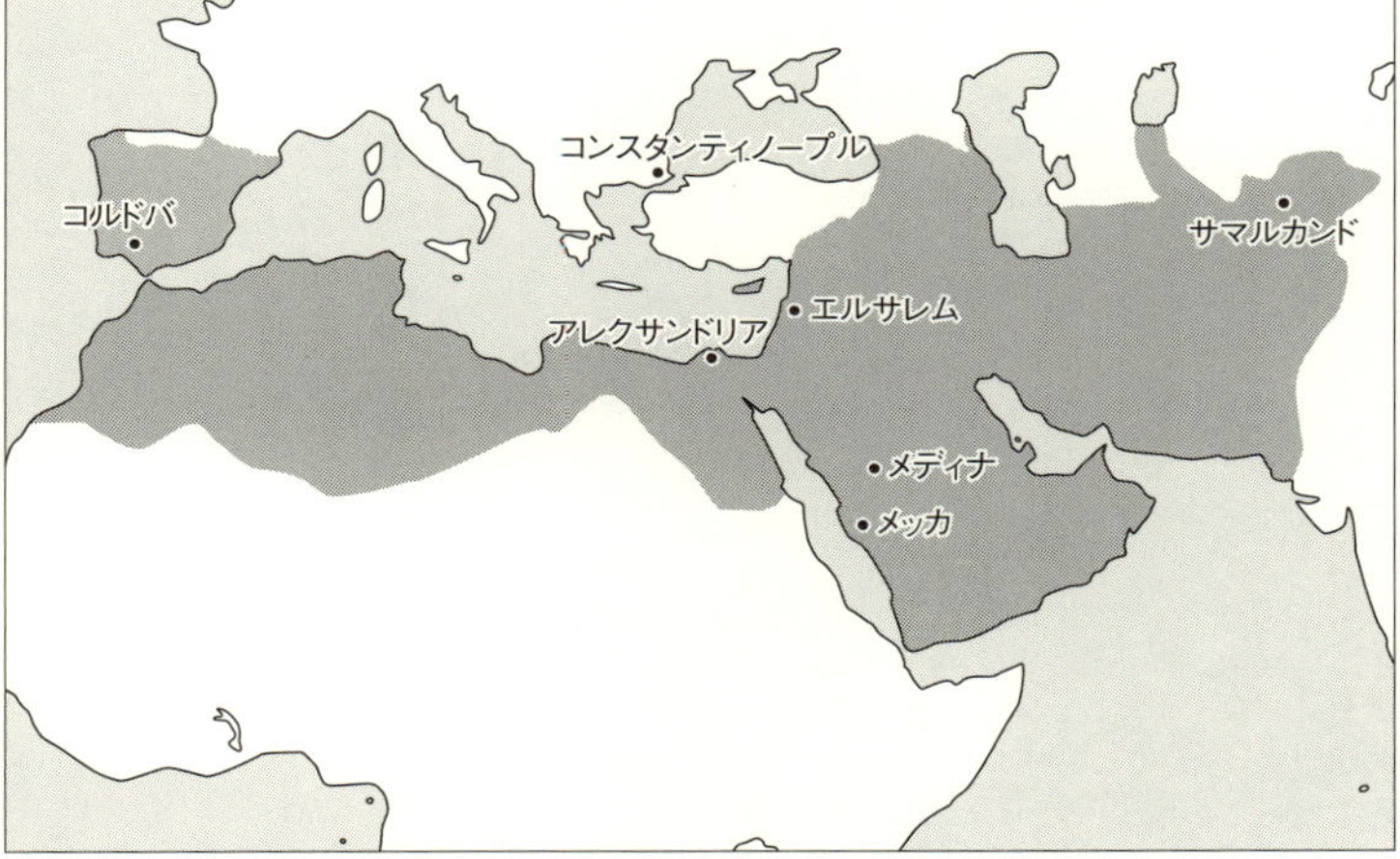

ウマイヤ朝（661 年～ 750 年）

続き、とりわけベルベルの女王のカヒーナ（Kahina／Dihya）は、ヘンシュラ（現在のアルジェリア北東部）に城を築き、懸命な防戦を展開した。だが、ついに七〇一年、カヒーナの軍勢はタバルカ（現在のチュニジア北西部）での戦いに敗れ去ってしまう。こうして、ベルベル人の大部分がイスラム教に改宗することになったのである。その長い戦いの中で流された血は、攻め込んだ側にとっては聖戦に

＊4…この歴史的事実に対して、イスラム教徒の寛容性を指摘する者もいれば、単に人頭税という収入が欲しかっただけだと主張する者もいる。おそらく、事態は複雑で、その両方であったのだろう。いずれにせよ、歴史的事実の正当化合戦は常に無益である。神は絶対かもしれないが、ユダヤ教徒であれキリスト教徒であれイスラム教徒であれ仏教徒であれ誰であれ、人間は多くの過ちを犯すのだ。その当然の事実を互いに受け入れなければならない。

よる殉教だったのかもしれないが、ベルベル人にとっては何だったのだろうか？

たとえ聖戦であれ何であれ、やはり征服は征服なのだ。それは、遠い昔の物語でもなければ、済んでしまった話でもない。二〇〇三年、ベルベル人たちは、ヘンシュラ（Khenchela）にカヒーナ女王の像を建立したのである。その心情を無視してはならない。そして、たとえ何であれ、イスラム教はジハード（聖戦）による大征服を通じて信者を増やしていったのだ。そのこともまた、歴史的な事実として銘記しておかなければならない。

カリフ制とは何か

その後、アラブ人中心主義的であったウマイヤ朝は、七五〇年のアッバース革命によって、広大な版図ごとアッバース朝に政権を奪われてしまう。版図が拡大し、非アラブ系の人々を多く含むようになったことで、民族的な対立を抑え切れなくなってしまったからである。こうした状況の中、ムハンマドの叔父のアッバースの子孫であるアッバース家を中心に、ウマイヤ家の支配に反発する者たちが一種の革命を起こしたのだ。そして、七四九年、アッバース家のサッファーフが、バグダッド南東のクーファで自らカリフ（ムハンマドの代理人）であることを宣言することになるのである。

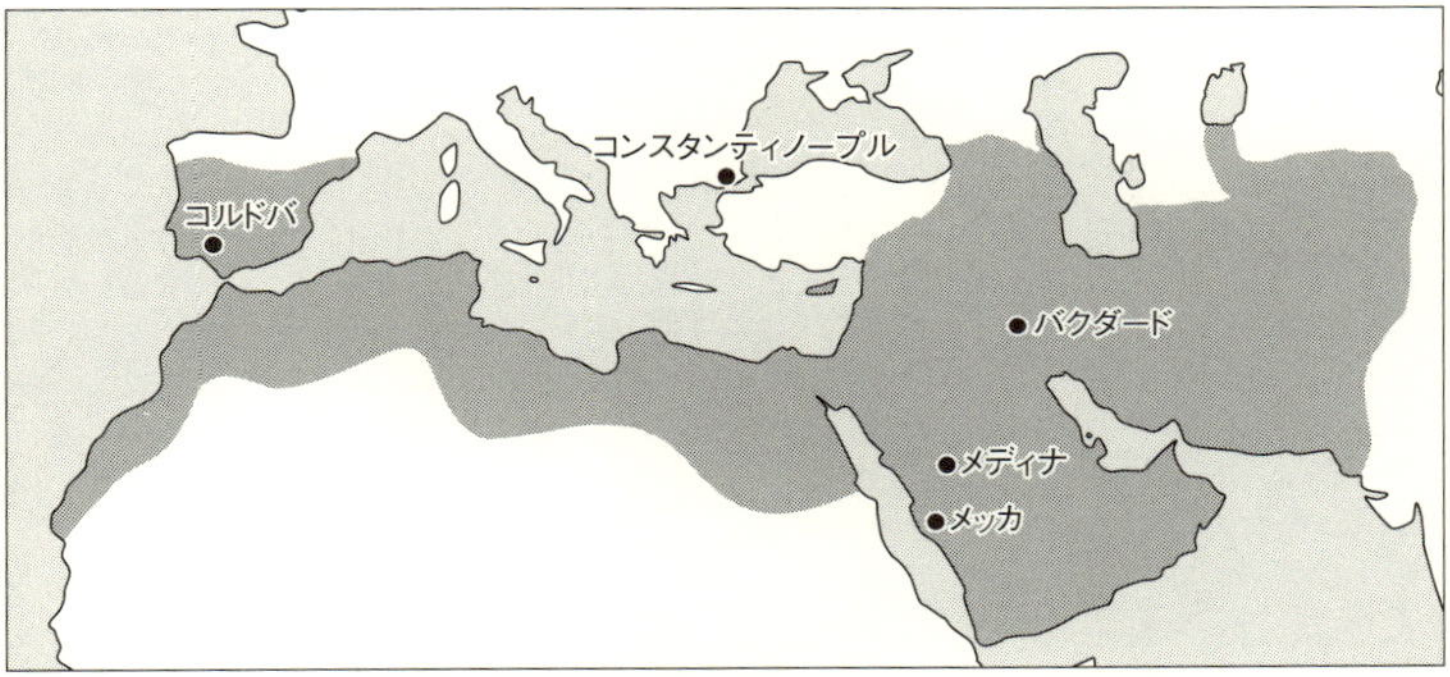

アッバース朝（750 年～ 1258 年）

ウマイヤ朝がアラブ帝国という性格を持っていたのに対して、アッバース朝は純然たるイスラム帝国[*5]だったと言えよう。ウマイヤ朝の統治下において、非アラブ人は、たとえイスラム教徒になっても「改宗者（マワーリー）」と呼ばれ、アラブ人と同等の地位には置かれなかった。これに対して、アッバース朝は、アラブ人の特権を廃止した上、非アラブ人の改宗者でも国家の要職に就く道を開いたのである。要するに、神の下でのイスラム教徒の平等という原則が打ち立てられたのだ。そのことを通じて、カリフという存在が、民族を超えたイスラム世界全体の指導者としての性格を強く持つようになったのである。

＊5…初代カリフであるアブ・バクルの時代からアッバース朝までの間に成立した〈イスラム帝国〉はサラセン帝国と総称されることがある。また、アラブ人とは、アラビア半島――および周辺――に源を持つセム族の人々で、中東地域や北アフリカ地方のアラビア語圏に多く居住する人々である。

アッバース朝は、西暦八〇〇年頃、その第五代カリフであるハールーン・アッラシードの時代に最盛期を迎えた。そして、この頃のアッバース朝の姿こそ、二一世紀の「イスラム国（IS）」が目指す模範——もちろん勝手に言っているだけだが——に他ならない。すなわち、一人のカリフが治めるイスラム大帝国である。この点を理解するために、さらに回り道になるが、以下ではカリフ制について少し言及しておこう。

イスラム教には七三の宗派があると言われているが、その二大勢力はスンニ派（スンナ派）とシーア派である。[*6] ムハンマドの時代には宗派などなかったのであるが、その後を誰が継ぐのかという問題が発生したことで、まず二つの大きな宗派が形成されることになったのだ。事実の経緯としては、シーア派が分離したということになろう。

六三二年、預言者ムハンマドが没すると、側近であったアブ・バクルが後継者に選ばれ、「カリフ＝代理人」と称することになる。しかし、一部にはムハンマドと血が繋がるアリーを後継者に推す声も強かった。このときのアリー支持派が、シーア派の原点だと言えよう。シーアとはアラビア語で「党派」のことで、「アリーのシーア」が略されて、後に「シーア派」と呼ばれるようになったのである。シーア派は、ムハンマドの血脈を受け継ぐ特別の存在こそが最高指導者（イマーム）であるべきだと考える。これに対して、特別な存在は預言者ムハンマドだけであり、その後継者はムハンマドが残した慣行（スンナ）を受け継ぐ代理人（カリフ）に過ぎないとするのが、スンニ派（スンナ派）と呼ばれる人々である。ただし、現代における両派の対立は、純粋に宗教的なものではなく、むしろ政治的、民族的、経済的な対立の反映であるという側面が強い。宗教的には、多少の教義の違いはあれ、両派は互いの存在を認め合っているのである。

ともあれ、ムハンマド没後二四年の六五六年、第三代カリフでウマイヤ家出身のウスマーンが下級兵士の反乱によって暗殺されると、今度はアリーが第四代のカリフとなった。しかしながら、アリーの没後、またもやウマイヤ家のムアーウィヤが五人目のカリフになってウマイヤ朝を打ち立てたのである。これに対し、シーア派はアリーの息子であるハサン・イブン・アリーを推し、ウマイヤ朝と激しく対立することになった。ここからシーア派は独自色を強め、スンニ派と完全に袂を分かってゆくことになる。

＊6…スンナとは「慣行・慣習」のことで、シーアとは「党派・分派」のことである。多数を占めるのはスンナ派（スンニ派）であり、二一世紀初頭の時点において全イスラム教徒中のシーア派の割合は一〇％～二〇％だと言われている。

イマームの不在とカリフの不在

今日のシーア派では、ムハンマドの後を継ぐ初代のイマーム（最高指導者）はアリーであり、二代目がハサン・イブン・アリーだとされている。ところが、アリーの血統は、八七四年、第一二代のイマームであるムハンマド・ムンタザルが忽然と姿を消した（神によって隠された）ことで途切れ、世襲イマームも途切れてしまう。シーア派にとって、この時から続くイマーム不在時代は、ムハンマド・ムンタザルの再臨を待っている状況なのである（現在のシーア派では、アヤトラという地位の権威あるイスラム学者たちがイマームの代わりを務めている。なお、スンニ派にとって、イマームという語は単なる礼拝指導者を指す）。

一方、多数派であるスンニ派は、カリフを国家や民族を超える全イスラム教徒の指導者と位置づけ、その制度を継続してゆく。[*7] そして、先述のとおり、アッバース朝第五代カリフであるハールーン・アッラシードの時代に、イスラム帝国は最盛期を迎えるのである。イスラム国（ＩＳ）の指導者であるアブバクル・バグダーディーがカリフを自称するのは、これを真似ているからに他ならない。もちろん勝手に名乗っているだけなのだが、なぜ勝手に名乗ることが出来るのかが大きな問題なのである。

先述のとおり、シーア派では、長くイマーム不在の時代が続いている。そして、スンニ派もまた、少なくとも一九二四年以後、カリフの称号を持つ人物が存在していないのである。何よりも、一二五八年、アッバース朝がモンゴル軍に滅ぼされ、その第三七代カリフのムスタアスィムが殺害されて以後、スンニ派は正式なカリフの存在を認めていない。なるほど、これ以後も、エジプトのマムルーク朝がアッバース家の親族を迎えてカリフ制を復活させたり（カイロ・アッバース朝カリフ）、オスマン帝国（オスマントルコ）の支配者がカリフ[*8]（スルタン・カリフ）を名乗ったりしていたことは事実である。だが、いずれも政治的な権威づけという側面が強く、スンニ派の法学者が一致して認めたカリフではない。いずれにせよ、オスマン帝国のカリフ制にしても、一九二四年、革命後のトルコ共和国政府によって廃止されてしまったのである。

これ以後、スンニ派には、どんな形のカリフもいない。そして、シーア派にはイマームがいない。これは、ジハード（聖戦）を命じる権限の担い手がいないということを意味する。

＊7…ただし、一〇世紀から一二世紀頃にかけて、アッバース朝のカリフの他に、イベリア半島やエジプトにもカリフを名乗る者が存在した（三カリフ並立時代）。

＊8…カイロ・アッバース朝カリフは、非公認の称号に過ぎなかったが、第一八代のアル＝ムタワッキル三世まで続く。また、スルタンとは、「王」あるいは「支配者」を意味するアラビア語である。オスマン帝国のスルタンであったセリム一世が、一五一七年にアッバース家のアル＝ムタワッキル三世からカリフの称号を奪い、スルタンがカリフを兼ねるという形を作り上げたのである。

要するに、最終的な責任を負う者が不在なのだ。こうした中で、イスラム国（ＩＳ）のアブバクル・バグダーディーがカリフを自称したのである。

指導者不在に付け込んだイスラム国（ＩＳ）

イスラム教において、ムハンマドは神の子でも教祖でもない。信仰対象は、あくまでも神である。預言者ムハンマドが神から授かった教えを通じて、神を信じるのである。そして、その教えを正しく継承する責任を負うのが、スンニ派のカリフであり、シーア派のイマームなのだ。もちろん、カリフもイマームも、あくまでもムハンマドの代理人であって、預言者が神から預かった言葉を勝手に変えることは許されない。逆に、だからこそ正統な指導者なのだ。俗世間の権力者が勝手な命令を下さないよう、神の教えを正しく司る責任者が必要だというわけである。

多くのイスラム教徒は、再び正統な指導者が現れることを待望している。とりわけ、中東情勢が大いに混乱している時代にあっては、イスラム世界を正しく治める指導者が望まれるのも当然であろう。イスラム国（ＩＳ）の首領は、そこに付け込んだのだ。すなわち、我こそがカリフだと自称した上で、ジハード（聖戦）を指揮しているのである。ただし、圧倒的大多数のイスラム教徒は、そんなカリフを認めていない。少なくとも、まだ認められていない。もちろん、イマームだとも認められていない。

だが、イスラム国（ＩＳ）は、ポピュリズム型の手口で、自分たちへの支持を集めてゆく。ポピュリズム型の政治手法は、客観的な事実や論理的な整合性などを全て無効にしてしまうのだ。理屈を度外視して、とにかく不満層を惹きつけようとするのである。自分たちが置かれた現状に対する不満は、事実がどうであれ、論理がどうであれ、そんなことで解消するものではない。極端な話、不景気だから失業者が増えるのは当然だと言われたところで、実際に失業している人間の不満を消すことは出来ないだろう。

逆に言えば、イスラム国（ＩＳ）を支持し、それに惹きつけられる者たちの多くは、自分たちの置かれた状況に対する不満の捌け口を求めているのであって、真に宗教的な理念に突き動かされているわけではないのである。このように考えると、欧米諸国のイスラム教系移民をイスラム国（ＩＳ）と結びつけて考えることは、かなり不当だということが理解できよう。要するに、イスラム国（ＩＳ）を相手とする「テロとの闘い」において、真の敵はイスラム教でもイスラム教徒でもないということなのである。究極のところ、文明の衝突と言われる事態は、互いの不満をぶつけ合う行為に過ぎないのだ。それを煽ることで政治的な利益を得ようとするのが――イスラム国（ＩＳ）や欧州極右といった――ポピュリズム勢力なのである。

ともあれ、一二五八年にアッバース朝がモンゴル軍に滅ぼされると、多少の紆余曲折はあれ、イスラム教の勢力も下降気味となってゆく。とりわけイベリア半島では、キリスト教勢力による「レコンキスタ（再征服運動）」に押された挙句、ついに一四九二年、イスラム教勢力は完全に追放されてしまうのである。考えようによっては、これもまた、当時のキリスト教徒にとっては「聖戦」だったのかもしれない。なお、この一四九二年は、奇しくもコロンブスの大西洋航海の年でもあった。歴史は、間違いなくヨーロッパを中心に回り始めたのである。それから五〇〇年の時を隔てて、イスラム国（ＩＳ）が現れたのだ。この事実は、圧倒的大多数のイスラム教徒とは無関係かもしれないが、イスラム教と全く無関係だとは言えないのである。

七世紀以後、イスラム教は、その影響力を右肩上がりで伸ばして来た。だが、明らかに風向きが変わったのだ。過去のイスラム教徒は征服する側だったが、一五世紀のイスラム教徒は、逆に被征服者の立場を経験することになったのである。その大きな流れは、やがて二〇世紀にはオスマン帝国の解体へと繋がり、二一世紀になっても終わっていない。欧米諸国の論理が支配する世界の中にあって、現時点でのイスラム教徒は——ウマイヤ朝時代の非アラブ人のように——何らかの形で大なり小なり非主流派なのだ。その中から不満を爆発させる過激派が現れたとしても、特に不思議ではあるまい。

ただし、少しばかり注意が必要だ。いわゆる〈イスラム教過激派〉は、イスラム国（ＩＳ）だけではないからである。むしろ、イスラム国（ＩＳ）は、〈イスラム教過激派〉の中でも比較的新しい集団だと言えるだろう。しかも、これまでになかった形の過激派組織なのである。そこで、以下では、このイスラム国（ＩＳ）を取り上げることにする。

第二章　新しい過激派組織イスラム国（ＩＳ）

イラクとシリアを拠点とするテロ組織

二〇一五年一一月の「パリ同時多発テロ事件」で世界中に名を馳せたのは、フランス語で「État islamique」と呼ばれる組織である。これを直訳すれば、単純に「イスラム国」となるだろう。しかしながら、その日本での呼称は、いささか複雑なのだ。もちろん、普通に「イスラム国」と呼ばれることも多いが、日本政府は「ISIL（アイシル）」という呼称を用いているし、ＮＨＫに至っては「過激派組織ＩＳ、イスラミックステート」という長い名前で放送しているのである。

これらは、イスラム教とイスラム国の混同を避けるための配慮なのだろうが――先述のとおり――イスラム国（ＩＳ）の側が、アッバース朝のようなイスラム国家を目指している点も忘れてはならない。なお、フランスでは、「Daech／Daesh（ダイッシュ）」という呼称が用いられることも多いが、これはイスラム国（ＩＳ）の旧称である「イラクとレバントのイスラム国」の頭文字をアラビア語で発音したものである。ただし、「Daech（ダイッシュ）」は敵対者側からの仇名であり、イスラム国（IS）の側が名乗ることはない。

ともあれ、このイスラム国（IS）、イスラム教スンニ派の聖戦集団を自認しているらしいが、実態はイラクとシリアを拠点とするテロ組織だと言えよう。その源流は、フセイン政権崩壊後のイラクで結成された「イラクのアルカイダ（メソポミアのアルカイダ）」に求められる。二〇〇三年、ヨルダン出身のザルカーウィー（Abou Moussab Al-Zarqaoui）の率いる武装集団「唯一神と聖戦（Al-Tawhid wal-Jihad）」が、アルカイダ（Al-Qaïda）と合流して「唯一神と聖戦の集団（Jama'at al-Tawhid wal-Jihad）」となり、翌二〇〇四年から「イラクのアルカイダ」と名乗るようになったのだ。この組織は、イラクのシーア派政権とのジハード（聖戦）を掲げて活動し、二〇〇六年一月には他の五つのアルカイダ系組織と合流することになる。

だが、同年六月にザルカーウィーがアメリカ軍の空爆に斃れると、組織内部が混乱し、パキスタンに本拠を置くアルカイダとの関係も冷え込んでゆく。かくして、同年一〇月には、アルカイダと距離を置く組織として「イラクのイスラム国（EII）」が結成され、オマル・バグダーディー（Abou Omar al-Baghdadi）が指導者となる（実質的な就任は二〇〇八年）。これが、今日のイスラム国（IS）の直接の前身なのだが、オマル・バグダーディー自身は、二〇一〇年四月、アメリカ軍とイラク軍による攻撃で爆死し、アブバクル・バグダーディー（Abou

Bakr al-Baghdadi）が後を継ぐことになった。

カリフ制国家を宣言

こうした中、いわゆる「アラブの春」が飛び火する形で、二〇一一年にはイラクの隣国シリアで内戦が発生する。すると、スンニ派系である「イラクのイスラム国」は、シーア派系のアラウィー派に属するアサド独裁政権に反抗すべく、イラクでの独自行動に加え、翌年一月の「アル・ヌスラ戦線（Jabhat al-Nosra）」の結成にも関与した。この「アル・ヌスラ戦線」は、シリアにおける反アサド勢力のアルカイダ系組織なのであるが、結成当初は「イラクのイスラム国（EII）」も関わっていたのである。

さらに、「イラクのイスラム国（EII）」は、二〇一三年四月——活動範囲を広げるように——自らの名称を「イラクとレバントのイスラム国」[*9]に改め、シリアへの関与を深め始める。ただし、シリア人のジュラニ（Abou Mohammed al-Joulani）が率いるアル・ヌスラ戦線の

＊9…レバント地方とは、シリア、レバノン、ヨルダン、イスラエル等を含む東部地中海沿岸地方のことである。ちなみに、「アラブの春」とは、二〇一〇年一二月にチュニジアに始まり、エジプトやリビアに波及した反独裁・反強権支配の政治運動である。これによって、チュニジアのベンアリ政権、エジプトのムバラク政権、リビアのカダフィ政権が倒された。

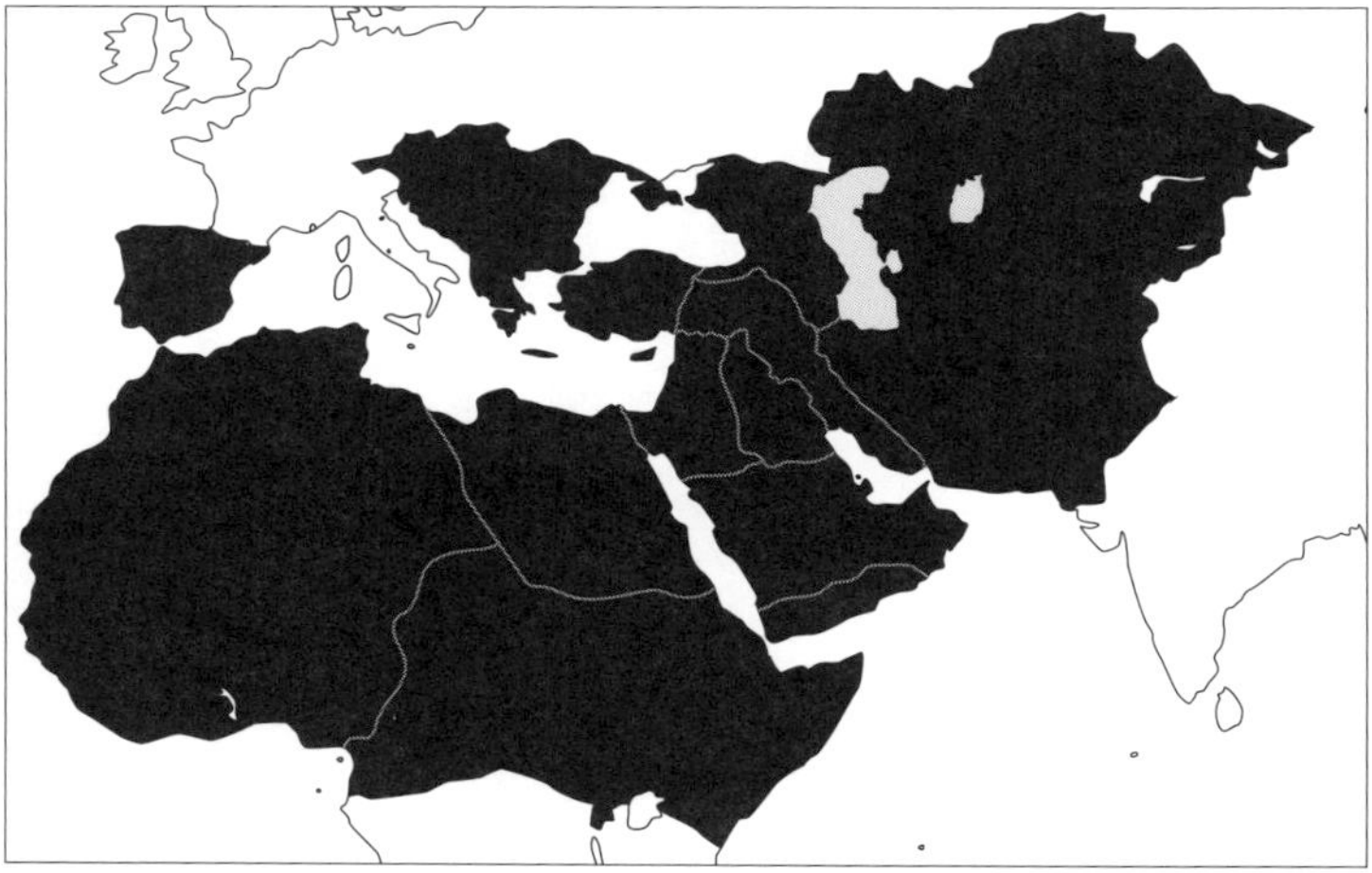

イスラム国（IS）が主張する領土

側は、その一方的な介入に反発し、両者の関係は――一部の構成員を除き――敵対的なものとなってゆく。また、「イラクとレバントのイスラム国」がインターネットを駆使した勧誘活動を活発化させたのも、この頃からである。

シリア内戦に介入した「イラクとレバントのイスラム国」は、二〇一四年一月、北部のラッカ――後にイスラム国の首都と称される――から他の反政府勢力を追い出し、八月には全市を完全に支配下に置いた。そして、この後、アルカイダとの関係を正式に絶つのである。また、ほぼ同じ頃、シーア派のマリキ政権に苛立つイラクのスンニ派の動きに便乗し、ファルージャとラマディを掌握したばかりか、同年六月にはイラク第二の都市モスルをも制圧——イラク軍は完全に潰走状態となった——してしまう。

かくして、二〇一四年六月、「イラクとレバントのイスラム国」は「イスラム国（ＩＳ）」と改称し、アブバクル・バグダーディーを「カリフ」とする国家であると宣言したのである。

イスラム国（ＩＳ）とアルカイダの戦略の違い

この時点で、イスラム国とアルカイダの違いが誰の目にも明らかになった。アルカイダの首領であったオサマ・ビンラディンは、自らをカリフと名乗るようなことはしなかったからである。そもそも、アルカイダは確固たる組織ではないし、絶対的な指導者も設けていないのだ。

なるほど、アルカイダもまた、イスラム国（ＩＳ）と同様、カリフ制とイスラム大帝国の再建を目指している。ただし、それは長期的な展望として掲げられているのであって、直ちにカリフ制の国家を作ろうというものではない。むしろ、ビンラディンは、領土を持つことを避ける戦略を取っていたのだ。この点において、アルカイダはイスラム国（ＩＳ）とは決定的に異なるのだ。

アルカイダにとって——イスラム大帝国を作るためにも——最大かつ最強の敵はアメリカ

に他ならない。しかしながら、現実問題として、アメリカと戦争をして勝てる国家を樹立するのは不可能であろう。また、領土や国家を持ってしまえば、それを治めなければならないし、外患や内憂に対処しなければならなくなる。となると、今日の国際情勢を考えるならば、拙速に国家を持つことは得策ではないということになろう。だからこそ、アルカイダは――ある意味で中心のない――国際的なネットワークという形を取り続けているのである。

アルカイダの戦略は、アメリカを執拗に責め苛み続け、軍事的にも経済的にも疲弊させ、イスラム世界から手を引くように仕向けることである。神出鬼没の嫌がらせを無期限で延々と続けることによって、たとえ時間がかかろうとも相手が諦めるのを待つという戦略なのだ。アルカイダにとって、これは絶対に負けるはずのない戦いである。たとえ何百年かかろうとも、自分たちが勝つまで戦いは終わらない。そもそも、自分たちは奪われる領土も滅ぼされる国家も持っていない。だから、どうしたって負けようがないのだ。

だからこそ、アルカイダは、領土や国家を持つのではなく、インターネットを駆使した星雲状の組織を作り、カリフのような中心や明確な指揮命令系統を持たず、世界の至る所に出没する活動を展開するのである。アルカイダは、アメリカが永遠のモグラ叩きに疲れ果てるまで、時間無制限でテロ活動を続けるつもりなのであろう。これは、南ベトナム解放民族戦線（ＮＬＦ）の戦法に少し似ている[*10]。相手方を、一日二四時間、一年三六五日、常に恐怖と背中合わせの状態に追い込むのである。

自国民を守る意志のない国家

一方、領土とカリフを持つイスラム国（ＩＳ）は、手段としてインターネットを駆使しながら世界中から戦闘員や賛同者を獲得しようとしているが、基本的には、ある意味で内向きの集団だと言えるだろう。実際、その指導層の大半はイラク人であり、イラクやシリアの一帯という限定された地域を占領して領土だと称しているのである。限られた者たちが中心になり、自分たちが手に入れた物を守り、増やそうとしているのだ。これは、世界中に星雲のように散らばるアルカイダの活動とは対照的であろう。

二つの〈イスラム教過激派〉を比較すると、アルカイダの戦略の方が巧妙であるようにも見えるが、少なくとも二〇一〇年代半ばの時点においては、イスラム国（ＩＳ）の活動の方が目立っている。領土を持つことによって、油田を手に入れ、住民から税を取り、時に略奪を働き、さらには伝統文化財を売り飛ばしたりして、豊富な資金を手に入れているからであ

＊10…南ベトナム解放民族戦線（National Liberation Front）は、一九六〇年、当時の南ベトナム政府に対抗する組織として結成され、ベトナム戦争ではゲリラ戦を展開した。

る。しかも、その領土なるものが、一種の「人間の盾」として機能しているのだ。領土を持つイスラム国を倒すには――それこそ無差別爆撃でもしない限り――地上戦が不可欠なのだが、それでは支配されている住民の犠牲が大きすぎる。さらに、被支配者の側も一枚岩ではなく、以前から対立している場合もあり、アメリカやヨーロッパ諸国の地上軍を簡単に迎え入れてくれるはずはない。かといって、空爆にしても、民間人に対する誤爆を避けるためには、確実に軍事拠点と認められる対象にしか行えず、極めて限定的にならざるを得ない状況である。

自国民を守ろうとする意志の全くない国家ほど、戦争の相手として厄介な敵はない。欧米諸国が一般市民の人権に配慮すればするほど、イスラム国（ＩＳ）は安泰になるのだ。極端な話、とんでもない政権が支配する国を、その国民ごと殲滅することなら可能かもしれない。だが、とんでもない支配者たちは、そんな行為が不可能だということを熟知しているのだ。もちろん、これは一種の反則に他ならない。そもそも、イスラム国（ＩＳ）を名乗りながら、イスラム教徒の土地を攻撃すること自体が矛盾を抱えているのである。そんな敵を倒すには、現実問題として、相手以上の反則を犯すしか他に手はないのかもしれない。

なぜフランスが標的となったのか

イスラム国（IS）とアルカイダは、テロ活動の方針も少し異なっている。アルカイダは二〇〇一年の「アメリカ同時多発テロ事件」によって世界に衝撃を与えたのだが、イスラム国（IS）の名を轟かせる契機になったのは、二〇一五年の「パリ同時多発テロ事件」であろう。アルカイダがアメリカを狙った理由は、明白だ。アメリカを一番の敵だと見なしたからである。だが、イスラム国（IS）がフランスを標的にした理由は、それと同じではない。狙い易かったから、狙ったのだ。もう少し正確に言うと、イスラム国（IS）にとって、フランスを狙うのが最も効率的だったのである。

なるほど、それらしい理屈づけは、いくらでも出来るであろう。フランスがイスラム国（IS）への空爆に参加したことに対する報復だという理由もまた、基本的には後付けに過ぎない。そもそも、その空爆は、アメリカ軍を中心になされていたことなのである。イスラム国（IS）の側が、自分たちと同じ論理に立って行動していると考えてはならない。価値観も論法も目的も、普通の国とは違うのだ。

イスラム国（IS）の目標は、自分たちの支配地を維持し、さらには拡大することにある。それには、イスラム世界からの支持を引き寄せると同時に、より多くの戦闘員を集めることが課題となる。ならば、アメリカに対する直接攻撃が最も影響力が強いのだろうが、それは容易ではない。さらに、もしアメリカでのテロに成功したとしても、その報復は桁外れなものになる危険性が高い。領土を持たないアルカイダとは異なり、イスラム国（ＩＳ）の支配地は、攻め込まれる対象にもなるからである。となると、アメリカ軍の総攻撃に口実を与えるような行為は得策ではあるまい。いずれにせよ、アメリカに対するテロを企てるのは、非効率的なのだ。

イスラム教徒と非イスラム教徒の分断

その一方、フランスを標的とすることは、多くの面で効率的であった。一つは、その首都パリが、非常に有名な国際都市だという点である。パリの知名度が、利用されたのだ。無名の場所でテロを起こしても、有名にはなれない。世界中から賛同者や戦闘員を集めるためには、誰もが知っている場所でテロを起こすことが効率的なのである。

また、歴史的かつ地理的な要素も見逃してはならない。かつてのフランスは、チュニジア、モロッコ、アルジェリア、モーリタニア、ギニア、ニジェールなどを植民地として支配していた。そして、これらの地域は、イスラム国（ＩＳ）が要求している領土の主要部分なのである。これらの国に住む人々——ごく一部であろうが——を惹きつけるにも、フランスでのテロは効率的であった。植民地支配者への抵抗という口実を持ち出してフランスを敵視すれば、英雄的なジハード（聖戦）という筋書きを演出し易いからである。もちろん、これまた後付けの理屈であり、イスラム教徒の反欧米感情を人為的に焚きつける算段に過ぎない。それでも、この戦略は一定の成果を挙げ、チュニジアやモロッコなどの北アフリカ諸国はイスラム国（IS）戦闘員の大きな供給源となり、アルジェリアではイスラム国（IS）支持の分派集団が形成されたのである。

さらに、イスラム教徒と非イスラム教徒の分断を図るためにも、フランスは好個な攻撃目標の一つであった。ヨーロッパ諸国は、多くのイスラム教系移民を受け入れて来た。フランスにも——フランス国籍の二世や三世を含め——旧植民地諸国出身のイスラム教系住民が多く暮らしている。イスラム国（IS）は、そこに「文明の衝突」を作り上げようとするのだ。そうした煽動によって、一方でイスラム教徒と西洋人との分断を図り、他方で自分たちの側への賛同者を増やそうとしているのである。当然のことながら、圧倒的大多数のイスラム教系住民は、イスラム国（IS）など支持していない。むしろ、それを迷惑な存在だと感じている者の方が多いだろう。だが、イスラム国（IS）には、欧州諸国に暮らすイスラム教徒を守る意志などない。イスラム国（IS）は、イスラム教徒と他の文化圏との共存は不可能だという前提に立っているからである。

ドイツの難民受け入れ政策

もちろん、そんな前提には根拠がない。むしろ、根拠がないからこそ、故意に対立を煽る必要が出て来るのであろう。イスラム国（IS）は、テロを通じてイスラム教徒と西洋諸国との対立を演出しながら、自らが依って立つ前提そのものを作り出そうとしているのである。イスラム教徒と他の文化圏との共存が不可能だということになれば、イスラム帝国の復興に正当性を与えることが出来るというわけであろう。ヨーロッパでイスラム教徒が迫害されるような事態になれば、それこそイスラム国（IS）の思う壺である。

ところが、フランス同時多発テロの約二ヵ月前の二〇一五年九月、ドイツ政府は、シリアやイラクからの難民を大量に受け入れると発表した。そして、イスラム国（IS）等に起因する戦乱を逃れて来た多くの人々が、実際に歓迎されながらドイツに迎えられたのである。もちろん、こうした難民受け入れ政策は、ドイツ単独のものではない。それは——多くの課題を抱えてはいるが——欧州連合（EU）としての取り組みでもある。事実、ユンケル委員長もまた「埠頭に着こうとする船を押し戻し、難民収容施設に火を放ち、貧しく無力な人々を見て見ぬふりをするのは、ヨーロッパらしからぬことだ」と発言していたのだ。[*11] おそらく、テロを起こしたイスラム国（IS）の側には、こうしたヨーロッパの動きを妨害する意図もあったのであろう。

これは、極めて逆説的かつ困難な事態だと言わざるを得ない。イスラム教徒を受け入れ、イスラム教徒との共存を目指せば、テロの標的とされてしまうことになるからである。だが、イスラム教徒を差別したりイスラム教系の移民を排斥したりしてしまえば、イスラム国（IS）の主張に大義名分を与えることになりかねない。すなわち、イスラム教徒と他の文化圏との共存は不可能であり、イスラム帝国の復興が必要だという主張に口実を与えてしまうのである。

ヨーロッパの人権意識の高さも仇に

フランスが標的とされた原因は、まだ他にもある。フランスやベルギー――首都ブリュッセルはフランス語系住民が多い――は、従来からイスラム教系の移民を多く受け入れて来た。

*11…二〇一五年九月九日の欧州議会本会議。

そうした移民系の人々の中には、国籍を持ちながらもヨーロッパの社会に同化できず、イスラム教にアイデンティティーを求める者も存在する。イスラム国（ＩＳ）は、その動きに紛れ込むような形でテロリストを勧誘したのだ。とりわけ、インターネットを駆使し、イスラム教に惹かれる若者を巧妙に誘導したのである。[*12] イスラム国（ＩＳ）の手法は、雑多な不満の捌け口を提供するという策略であり、まさにポピュリズムに他ならない。

ちなみにフランス当局の発表では、二〇一四年一一月の時点において、実際にシリアでの戦闘に参加中のフランス人だけで、その数は三七六人に上るということなのだ。要するに、イスラム国（ＩＳ）は、フランスを知り、フランス語を話すテロリストを多く擁しているのである。となると、狙い易いのはフランスだということになろう。

そして、ヨーロッパの人権意識の高さもまた、仇になってしまった。それに加えて、フランスのように個人主義的な自由が重視される国は、なおさらテロリストの活動にとって有利だったのであろう。しかも、国際都市のパリは人種や文化の坩堝《るつぼ》であると同時に世界的な観光地でもあり、どんな人間でも街に溶け込んでしまうのである。そうした中でも基本的人権が尊重され、明確な嫌疑もなしに逮捕されることはない。正当な理由もなしに入国を拒まれることもない。ＥＵ内の国籍を持っていれば、なおさら出入り自由である。今回は、これが裏目に出たのだ。極端な話、フランスの自由が、ある意味でテロリストを野放しにしたとさえ言えよう。事実、パリ同時多発テロ事件の主犯格であるアブデルハミド・アバウドは、ベルギー生まれのベルギー人であるが故に、いとも簡単にフランスに入国できたのである。

フランスが直面するジレンマ

ベルギーのような小国は、フランスほどのテロ対策を実施するだけの力を持ち合わせていない。事実、モロンベック（Molenbeek-Saint-Jean）という人口一〇万ほどの町から、約五〇人がイスラム国（ＩＳ）に渡っているのだ。[*13] いくらフランスが自国内でテロ対策を強化しようとも、隣の小国から自由にテロリストが入って来られては堪らないだろう。フランスとベルギーは約六二〇キロもの国境を接し、自由に往来が出来るのである。かくして、テロ以後

＊12…もちろん、圧倒的大多数のイスラム教徒は普通の人々であり、イスラム教過激派に賛同するのは極めて少数派である。また、後述するが、イスラム国（ＩＳ）に惹き付けられたのは、移民系の者に限らない。だが、イスラム国（ＩＳ）の側が、イスラム教に惹かれる移民系の若者を標的に勧誘したことは事実である。

＊13…二〇一五年一一月に起きた「パリ同時多発テロ事件」の主犯格の一人であるサラ・アブデスラム（Salah Abdeslam）もまた、モロッコ系移民の二世としてモロンベックで育った。本人は、ブリュッセルで生まれたが、まずフランスに移住した両親が当地で帰化していたので、その国籍を引き継ぎフランス国籍である。

のフランスは、大きなジレンマに直面している。自由と民主主義を護るために、それらを犠牲にして監視や取り締まりを強化し、武力行使までするという矛盾を解決できずにいるのである。

いずれにせよ、イスラム国（ＩＳ）がフランスを標的にしたのは、狙うのに好都合だったからに過ぎない。イスラム国（ＩＳ）の目標は、イスラム教徒の主張を受容させることでもなければ、非イスラム教徒を倒すことでもない。自らの支配地を守り、拡大することが目的であり、それを認めない全ての国が無差別に攻撃対象となるのだ。これに対抗するのは、極めて難しい。空爆は効果が薄い上、報復の口実を与えるだけだし、イスラム教徒を受容すれば対立を煽るテロに襲われ、拒絶すれば相手の思う壺となる。欧米流の論理や価値そのものが、イスラム国（ＩＳ）の前では無力なのである。

とは言え、イスラム国（ＩＳ）が他のテロ組織やイスラム原理主義勢力との内ゲバで滅びることはあるかもしれない。アルカイダとイスラム国（ＩＳ）の関係は必ずしも良好ではないし、いわゆるイスラム原理主義に属する集団は他にも数多く存在する。それぞれの集団は、反欧米といった抽象的な大枠では一致しているかもしれないが、地域や宗派ごとに個別の利害を持っているのだ。例えば、一九九四年にアフガニスタンで結成されたタリバン*14（Taliban）は、イスラム教スンニ派の聖戦集団を自称している点ではイスラム国（ＩＳ）と同じだが、現実として両者は激しく対立しているのである。同じような主張を掲げる者たちの間でも総論賛成と各論反対が渦巻く中、一人のカリフによるイスラム帝国の再興は、そんなに簡単に実現するものではないだろう。

*14…タリバンは、アフガニスタンでイスラム主義を自称する政治・軍事組織で、一九九四年にカンダハルで起きたイスラム神学校の学生による武装蜂起を起源とする。当時のアフガニスタンは、ソ連が撤退した後の混乱の中、親ソ派とイスラム教勢力（ムジャヒディン）の対立に、タジク人やウズベク人とパシュトゥン人の争いが重なり、非常に混沌とした状況にあった。その渦中、タリバンが勢力を伸ばし、一九九六年に首都カブールを制圧して政権を掌握すると、アフガニスタン・イスラーム首長国を樹立したのである。しかし、二〇〇一年のアメリカ同時多発テロの後、オサマ・ビンラディンを保護したことで米軍等の攻撃を受け、タリバン政権そのものは倒れることになった。しかし、組織としてのタリバンは、その後もアフガニスタン南部で存続し、大きな勢力を保っている。なお、タリバンとは「学生たち」の意味で、組織の中心はパシュトゥン人である。また、タリバンにも、いわゆる外国人戦闘員が多く参加していると言われている。

第三章　二一世紀でなぜテロ事件は多発するのか

テロはイスラム教過激派の専売特許ではない

それにしても、二一世紀の世界では、なぜテロ事件が多発するのであろうか。とりわけ、いわゆる〈イスラム教過激派〉によるテロが頻発する原因は何なのであろうか。その理由をイスラム教という宗教に求めるのは、非常に短絡的であると同時に、おそらく的外れであろう。そのことは、歴史を少し振り返って見れば明らかである。

一九九三年にアメリカで「世界貿易センター爆破事件」（死者六人）が起き、一九九五年にはフランスで「パリ地下鉄爆弾テロ」（死者一〇人）が発生した。この頃から、いわゆる〈イスラム教過激派〉によるテロ事件が、世界中の注目を集め始めたと言えよう。そして、二〇〇一年の「アメリカ同時多発テロ事件」を皮切りに、さまざまな〈イスラム教過激派〉によるテロ事件が頻発するようになったのである。その結果、二〇一四年にイスラム国（ＩＳ）が独立を自称する頃には、極端な話、テロという語が〈イスラム〉を連想させてしまうよう

北アイルランド

な事態が生まれているとさえ言えよう。

だが、一九九〇年代まで、世界で最も有名なテロ組織は「ＩＲＡ[*15]（Irish Republican Army：アイルランド共和軍）」であった。ＩＲＡは、北アイルランドのカトリック勢力で、イギリス統治下の北アイルランドをアイルランド共和国に併合することを求め、主にイギリスを標的に激しいテロ活動を続けていたのだ。北アイルランドのカトリック教徒たちは、実際に差別的な扱いを受けてきたからである。カトリック系住民の失業率がプロテスタント系住民の二倍以上という状況の中、少数派に置かれた側の不満は相当なものであった。かくして、いわゆる〈イスラム教過激派〉によるテロが注目される直前の一九九〇年代前半は、少なくともヨーロッパの場合、テロと言えばＩＲＡが最初に連想されるような状況だったのである。こうした歴史的事実を無視して、テロを〈イスラム教過激派〉の専売特許のように見なしてはならない。

ＩＲＡとＥＴＡによるテロ

私自身が一九九三年春にロンドンを訪れた際、現地ではＩＲＡによるテロが——言い方が悪いのは承知だが——まるで日常茶飯事といった状況であった。大学内に入ろうとすればテロ予告で建物からの一時脱出を指示され、飲み屋に行けば前週のテロ犠牲者を追悼する花束が置かれ、帰国しようとすれば空港に爆弾を積んだ車が突入したというニュース——別に大ニュースでも何でもなく——が流れ……という有様だったのである。そして、さらに衝撃的だったのは、あまりのテロの頻発にロンドン市民の感覚が麻痺していることであった。そん

＊15…公的な呼称は「ＰＩＲＡ」、すわなち「暫定アイルランド共和軍（Provisional Irish Republican Army）」である。この組織は、一九六九年にＩＲＡから分派したのであるが、自分たちは「ＩＲＡ」と名乗っているし、テロの犯行声明も「ＩＲＡ」の名で出していた。

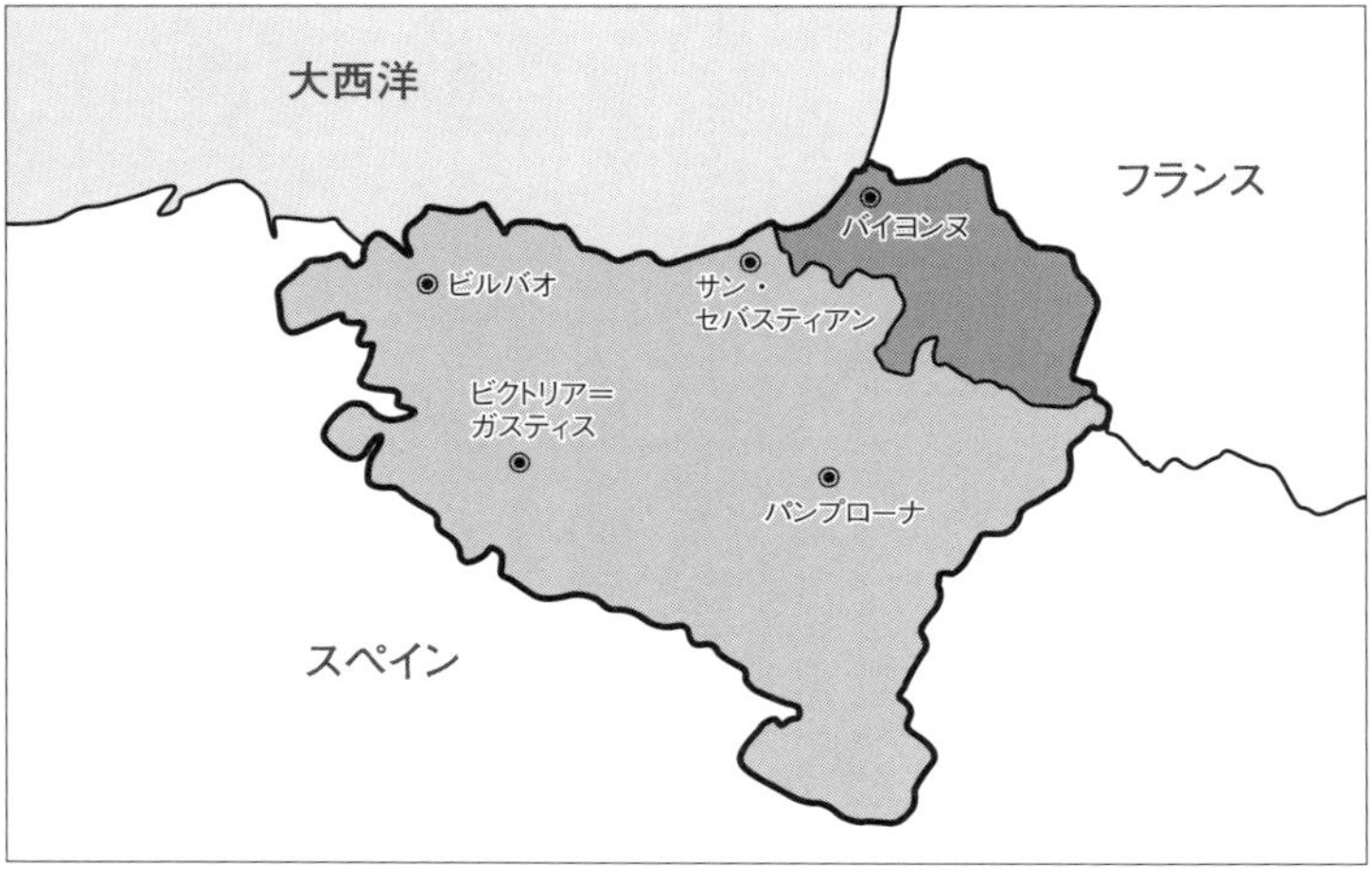

バスク

なことを気にしていては生きてゆけないという雰囲気だったのである。実際、博物館や美術館では、手荷物検査さえ行われていなかった。

また、ヨーロッパでＩＲＡに次いで名を馳せたテロ組織は、バスク地方の独立を求める「ＥＴＡ（Euzkadi Ta Askatasuna：バスク祖国と自由）」であろう。スペインとフランスの両国に跨がるバスク地方は、古くから独自の言語と文化を保持して来た。[*16]だが、スペインのフランコ独裁政権による圧迫に抵抗する形で、一九五九年にＥＴＡが結成されたのである。この組織もまた、一九六八年頃から武装闘争を開始し、スペイン国内を中心にテロ活動を展開するようになった。その結果、二〇〇四年三月の「マドリード列車爆破テロ事件」（死者一九一人）の直後、スペイン当局は「ETAの犯行」という見方を示したのである。だが、後に明らかになったとおり、実際にはアルカイダによるテロ行為であった。つまり、二一世紀に入っても、スペインでテロが起きれば、真っ先に疑われるのは〈イスラム教過激派〉ではなくETAだったということなのである。

テロは宗教や民族性に還元できない

ここで、少し冷静に考えてみよう。IRAのテロを論じる際に、カトリックの教義を持ち出す者があるだろうか。ETAによるテロを説明するに当たって、バスク民族の人間性を根拠にする者があるだろうか。そんなことが重要なのではないだろう。むしろ、バスク人や北アイルランドのカトリック教徒たちが、少数派の辛酸を嘗め続けたことが根底にあるのだ。ならば、IRAやETAに代わってアルカイダやイスラム国（IS）がテロ組織として有名になった場合、どのように考えるべきであろうか。宗教や民族性ばかりに着目するのは、いささか奇妙であろう。

＊16…ちなみに、バスク人として日本で最も有名なのは、日本にキリスト教を伝えたフランシスコ・ザビエルであろう。

ともあれ、イギリス政府の努力もあって、一九九七年以後、ＩＲＡは次第に態度を軟化させてゆく。この年に誕生した労働党のトニー・ブレア政権が、保守党サッチャー政権時代に始まる強行姿勢を本格的に転換させ、対話重視の方針を打ち出したからである。その結果、翌一九九八年にはイギリスとアイルランドの間でベルファスト合意（Belfast Agreement）が結ばれ、北アイルランドに自治政府が設立されることになった。北アイルランドの自治は、当初は少しばかり迷走したものの、二〇〇五年にＩＲＡが武装闘争の終結を宣言したことを契機に、二〇〇七年以後は軌道に乗りつつある。

いずれにせよ、二〇〇五年七月二八日、ついにＩＲＡは武装闘争の終結を宣言したのだ。[*17]だが、それでイギリスがテロの脅威から逃れられたわけではない。ＩＲＡの宣言がどうであれ、その三週間前の二〇〇五年七月七日、すでに「ロンドン同時爆破事件」（死者五二人）が起こっていたからである。このテロの犯行声明を出したのは、ＩＲＡではなく、アルカイダであった。そして、その実行犯は、北アイルランドのカトリック教徒ではなく、パキスタン系イギリス人のイスラム教徒だったのである。歴史的な事実は、それより上でもなければ、それより下でもない。

二〇世紀後半のテロを少し振り返れば、その原因を宗教や民族性に還元できないことが理解できるであろう。ＩＲＡによるテロ活動は、カトリック教徒とプロテスタントの「文明の衝突」に起因するわけではあるまい。両者は、多くの国で問題なく共存しているのだ。あるいは、ETAによるテロ活動にしても、背景にあるのは政治的な問題であり、宗教や民族性が大きな原因になっているとは言い難い。実際、バスク人はフランス側にも暮らしているが、ETAがフランス人を標的にしたテロを起こすことはなかったのである。[*18] カトリック教徒とプロテスタントは共存できないのであろうか。バスク人は他民族と共存できないのであろうか。最大の問題は、そんなところには存在しないのだ。

そもそも、バスク人にしても北アイルランドのカトリック教徒にしても、テロ活動に参加したのは、ごく一部の人々に過ぎない。なるほど、テロに参加しなくとも、IRAやETAと同様の不満を抱えていた者は、数多く存在するであろう。だが、どのような国であれ、内部に様々な対立や葛藤を抱えているのだ。それらを、テロや暴力にまで発展させないことが重要なのである。そのために、共存を模索しなければならないのである。

文明の衝突を必然視してはならない。むしろ知らなければならないのは、極めて現実的かつ政治的な社会情勢の方である。アルカイダやイスラム国（IS）によるテロ活動にしても、

＊17…ETAもまた、二〇一一年一〇月に無期限の停戦を表明した。
＊18…ETAは、二〇〇七年にフランスのカブルトンで二人を殺害したが、犠牲になったのはスペインの治安警察であった。

おそらく同様であろう。そこで、今度はイスラム教徒たちの歩みに目を向けてみよう。

オスマン帝国の崩壊

一二五八年にアッバース朝が滅んで以後、イスラム世界を網羅するほどの大帝国は生まれていない。イスラム世界は地方分権的になり、各地に様々な王朝や帝国が並存するようになったのだ。その中で最大のものは、アナトリア半島（小アジア）に興ったオスマン帝国（オスマン・トルコ）である。この地域は、オスマン帝国が興るしばらく前までセルジューク朝（セルジュク・トルコ）の統治下にあった。その君主であったトゥグリル・ベクが、一〇五五年、アッバース朝からスルタン（王／支配者）の称号を受け、東方イスラム世界の領主として公認されていたのである。しかしながら、セルジューク朝は内部対立の末に分裂し、一一九四年に消滅してしまう。

セルジューク朝は、しばしばセルジューク・トルコと呼ばれるとおり、トルコ系民族の王朝なのだが、その発祥地はアラル海に注ぐシル川下流域――現在のカザフスタン――であり、アナトリア半島ではない。だが、セルジューク朝が、一〇七一年のマラーズギルドの戦でビザンツ帝国（東ローマ帝国）に勝利したことで、アナトリア半島へも進出し、現在のトルコ

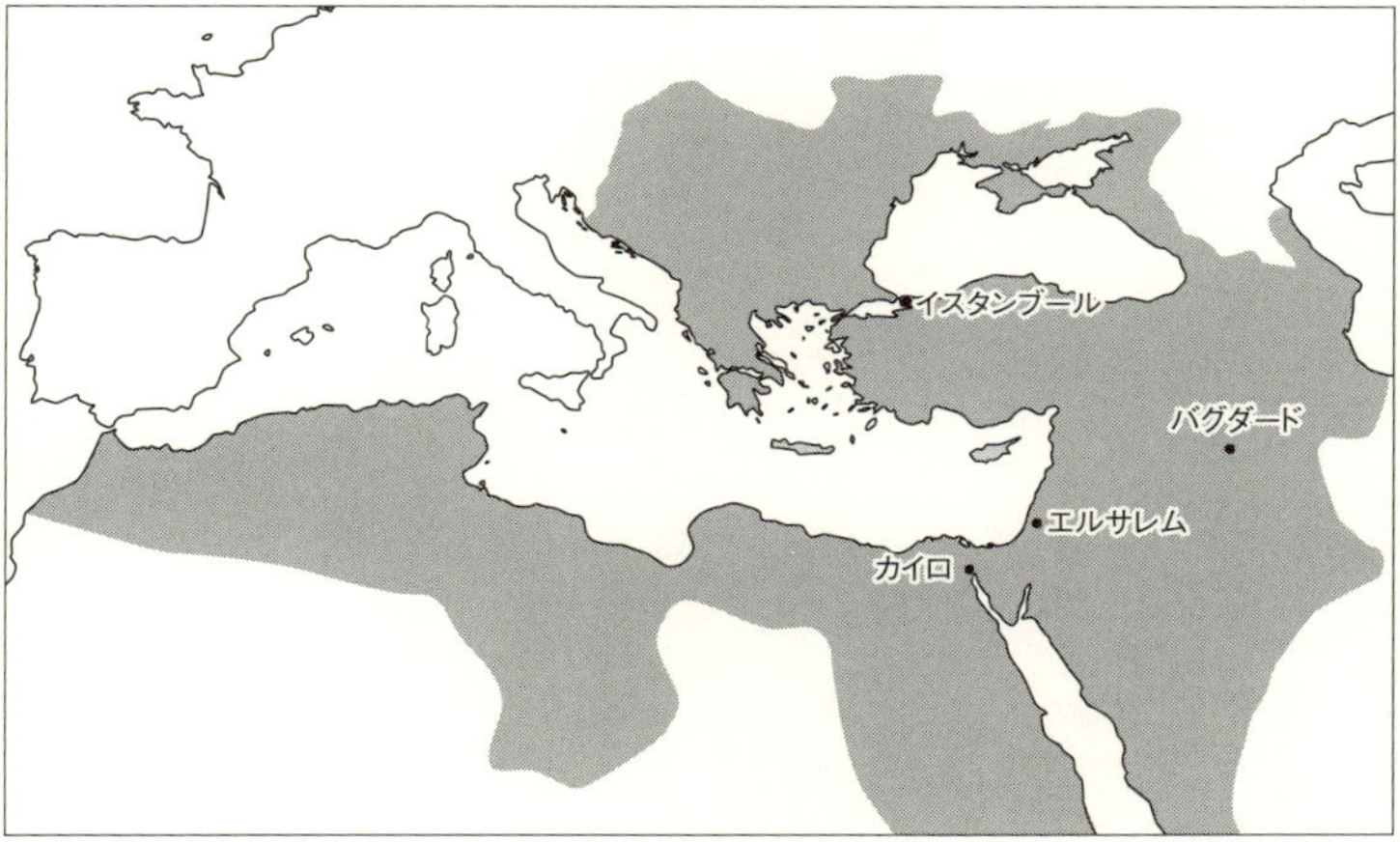

オスマン帝国（17 世紀頃）

あたりに勢力を伸ばしたのである。その結果、一〇七七年からは、ニケーアを都とするルーム＝セルジューク朝が——セルジューク朝の地方政権として——そこに置かれることになった。そして、これを大きな契機として、多くのトルコ族がアナトリア半島に侵入することになる。その中から現れた勢力が、やがてオスマン帝国を建設するのだ。具体的には、セルジューク朝が滅亡した後の一二九九年、アナトリア半島のソユットにおいて、トルコ族のオスマン一世が、イスラム教徒の統治する帝国の礎を築くことになるのである。

　このオスマン帝国は、一四五三年にビザンツ帝国を滅ぼし、イスタンブール——ビザンツ帝国時代はコンスタンティノープル——を都とするイスラム帝国として強大化してゆく。そして、スレイマン一世（在位：一五二〇年～一五六六年）の時代に最盛期を迎え、かつてのアッバース朝には及ばないものの、メソポタミア、アラビア、北アフリカ、東ヨーロッパに亘る広大な版図を手に入れるのである。だが、この大帝国もまた、一七世紀半ばから衰退し始め、やがて領土を少しずつ失ってゆく。そして、一九世紀になるとヨーロッパの列強諸国の圧迫に抗し難くなり、ついには「瀕死の病人」とさえ呼ばれるようになるのである。

こうした中、アルジェリアが一八三〇年にフランスに占領されると（一九三四年に併合）、一八三二年にはギリシャが独立を果たす。イギリスは、一八八二年にエジプトを占領し（一九一四年に保護国化）、一八九二年にはアラブ首長国連邦を保護領とし、一八九九年にはクウェートを保護国化した。フランスもまた、一八八一年にはチュニジアを、一九一二年にモロッコを、それぞれ保護領とする。そして、一九一一年には、イタリアによるリビアの植民地化が始まるのである（一九一一年一一月五日にトリポリタニアとキレナイカの併合を宣言）。

さらに、第一次世界大戦に巻き込まれたことで、ついにオスマン帝国は崩壊への道を辿ってゆく。第一次世界大戦は、一九一四年から一九一八年にかけて、二七の協商国（Entente Powers）と四つの同盟国（Allied Powers）との間で戦われた。協商国の中心はイギリス、フランス、ロシアであったが、後にイタリアとアメリカが加わり、革命に揺れるロシアが抜けることになる。一方、同盟国は、ドイツ、オーストリア＝ハンガリー帝国、オスマン帝国、ブルガリアの四ヵ国であった。戦闘は熾烈を極めたのだが、周知のとおり、勝ったのは協商国側である。要するに、オスマン帝国は負け組に入ってしまったのだ。

この戦争において、オスマン帝国は、一九一六年の初頭までは健闘したものの、その後は各地で連敗を重ねてゆく。支配下のアラブ人やアルメニア人やギリシャ系住民などが、戦争に乗じて独立や自治を獲得しようと反旗を翻したからである。トルコ族の帝国に対して、域内の他民族が反発したのだ。とりわけ、同じイスラム教徒であるアラブ人の抵抗は大きかった。内輪揉めをしていたのでは、対外戦争に勝てるはずはない。それを利用したのが、イギリスである。

イギリスの暗躍

一九一五年、イギリスは、メッカのシャリフ（指導者）であったハーシム家のフセイン・イブン・アリーを抱き込み、「フセイン・マクマホン協定（McMahon-Hussein Agreement of October 1915）」を成立させた。預言者ムハンマドの血統を引くアラブ人のフセイン（フサイン）は、オスマン帝国に対する抵抗勢力だったからである。それを利用しようとしたイギリスは、フセインに対して、アラブ人がオスマン帝国に対する反乱を起こすことと引き換えに、戦争後にアラブ人国家の独立を約束したのだ。かくして、イギリスはフセインを支援して反乱を起こさせた上、ロレンス大尉――アラビアのロレンス――を現地に派遣し、アラブ人部隊の指導に当たらせたのである。

その一方で、イギリスは、一九一六年五月一六日、フランスおよびロシアと「サイクス・ピコ協定（Sykes-Picot Agreement）」を結んでいた。これは、オスマン帝国の領土分割に関する密約であった。協商国側は、勝手に自分たちの取り分を地図上に線引きしていたのである。しかも、クルド人居住地の中にフランス支配地とイギリス支配地の境界を引くなど、民族や宗派の分布を全く無視した無茶苦茶な分割案であった。なるほど、このサイクス・ピコ協定においても、イギリスはアラブ人の独立国家を認めていた。だが、問題は、その範囲なのだ。この点を巡って、後で揉めることになるのである。

結局のところ、サイクス・ピコ協定そのものは実現しなかった。水面下の密約であった上、終戦前に暴露されてしまったからである。一九一七年一〇月にロシアで一〇月革命が始まると、革命派のボリシェビキ勢力は、帝政批判の一環として、ロシア帝国が第一次世界大戦に参加したことの不当性を訴えた。そして、翌一一月には、その根拠として、サイクス・ピコ協定を暴露してしまったのである。それを知って激怒したのは、アラブ人たちであった。

サイクス・ピコ協定では、内部シリア地方がフランスの勢力範囲、パレスチナ地方が国際管理地帯とされていた。アラブ人たちの側は、この点を問題視したのだ。つまり、フセイン・マクマホン協定と矛盾するというわけである。なるほど、この協定では、オスマン帝国によって支配されたアラブの土地をアラブ人自身に返還するとされていた。しかしながら、どこまでがアラブの土地なのかに関しては、それほど厳密には定められていなかったのである。特に問題になったのが、聖地エルサレム[*19]を含むパレスチナ地方の扱いであった。イギリス側は、フセイン・マクマホン協定において、アラブの土地に関して次のような留保を付けていた。

メルスィンとアレクサンドレッタ（イスケルデルン）の地区、そしてダマスカス、ホムス、ハマー、アレッポの地区の西方に存在しているシリアの部分などは、純粋にアラブであると言うことは出来ないため、提案された範囲と境界から除外されなければならない。[*20]

＊19…エルサレムは、三宗教の聖地である。ユダヤ教徒には、ソロモン神殿の城壁跡である「嘆きの壁」があり、キリスト教徒には、イエスの墓である「聖墳墓教会」があり、イスラム教徒には、ムハンマドが神に召されて天に昇った場所に「岩のドーム」がある。なお、聖墳墓教会を今日まで守って来たのはイスラム教徒であり、ユダヤ教徒の巡礼に配慮して嘆きの壁の周辺を区画整理したのはオスマン帝国である。

問題は、パレスチナ地方が「純粋にアラブであると言うことは出来ない」のか否かという点である。アラブ人からすれば、誰が何をどう考えても、パレスチナ地方はアラブの土地だということになろう。しかも、他の土地以上に重要な場所なのだ。おそらく、イギリス側は、そのことを知っていながら言葉を濁したのであろう。その背後にあるのは、抜け目ない契約をした方が勝ちだという理屈なのかもしれないが、そんな態度では共存など成り立たない。

結果的にサイクス・ピコ協定そのものは実現しなかったとは言え、オスマン帝国に対する戦後処理は、イギリスを中心とする戦勝国の都合で進められてゆくことになる。要するに、似たようなやり方で進められたのだ。後に残ったのは、恣意的な国境線と、トルコ人やアラブ人を始めとするイスラム教徒たちの不満であった。ただし、イスラム教徒たちは、何もイギリス型の文明と衝突したわけではないのである。

ヨーロッパ列強による領土分割

ドイツの側に付いて敗戦国になったオスマン帝国は、煮え湯のごとく、セーブル条約を呑まされてしまう。[*21] この条約によって、オスマン帝国は、アラビア半島、メソポタミア、エジプト、レバノン、シリア、パレスチナ、アルメニアにおける主権を放棄させられた上、ボスボラス海峡の国際管理下での解放、クルド人の自治承認、治外法権、連合国による財政介入といった条件を受諾させられたのだ。かくして、シリアはフランスの委任統治領となり、イラク、レバノン、ヨルダンなどはイギリスの委任統治領にされてしまうのである。そこに見なければならないのは、文明の衝突ではなく、極めて利害に満ちた現実なのだ。

このような事態は、当然のことながら、トルコ族の激しい反発を引き起こした。その結末は、トルコ革命によるオスマン帝国の崩壊に他ならない。一九二〇年四月、ムスタファ・ケマル（ケマル・アタチュルク）は、アンカラにおいて第一回トルコ国民議会を主宰し、革命政府を樹立した。そして、一九二二年一一月にスルタン制が廃止されたことでメフメト六世が退位し、ついにオスマン帝国は消滅するのである。その後、一九二三年一〇月の共和国宣言

＊20…一九一五年一〇月二四日付でマクマホンがフセインに宛てた手紙で、原文は下記の通りである。なお、アレッポは、アラビア語の発音から、日本の地図でもハラブと表記されていることがある。
The districts of Mersina and Alexandretta, and portions of Syria lying to the west of the districts of Damascus, Homs, Hama and Aleppo, cannot be said to be purely Arab, and must on that account be excepted from the proposed limits and boundaries.

＊21…セーブル条約：一九二〇年八月一〇日、パリ西郊のセーブルにおいて、第一次世界大戦の連合国とオスマン帝国のスルタン政府との間で調印された講和条約だが、その内容はオスマン帝国にとって非常に不利なものであった。

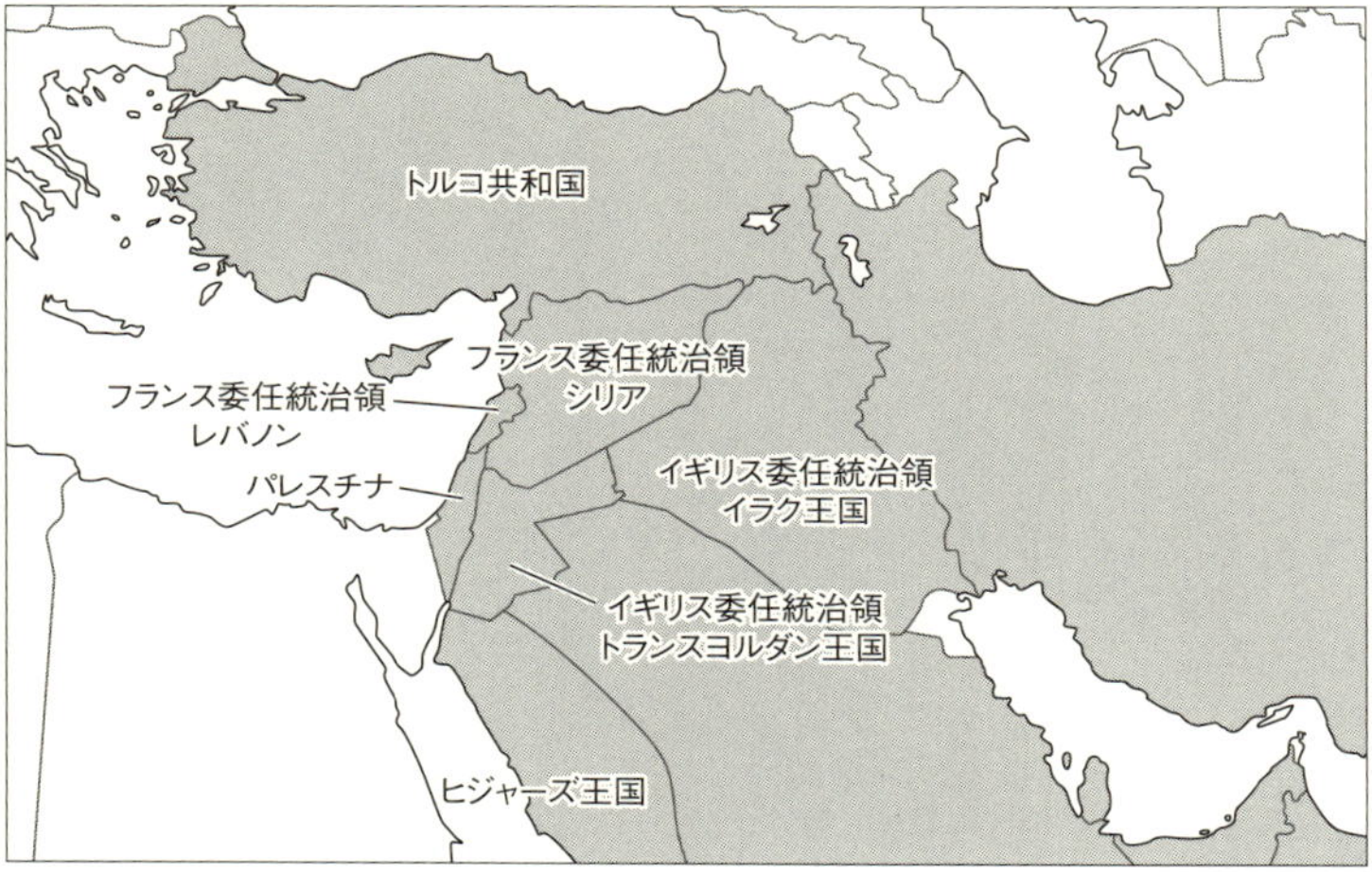

オスマントルコの解体

によって、新しくトルコ共和国が成立する運びとなった。なお、メフメト六世が退位した後、アブデュルメジト二世が――スルタンの地位を伴わない――カリフになるのであるが、一九二四年三月にはカリフ制度も廃止されてしまう。アブデュルメジト二世は国外追放となり、イスラム教徒は完全なるカリフ不在時代に入りこむのである。

後に残ったのは、植民地支配者によって恣意的に分割された土地の寄せ集めと、トルコ人もアラブ人も含めた多くのイスラム教徒の不満であった。ヨーロッパの列強諸国は、中東地方や北アフリカ地方の地図に勝手に境界線を引いて分捕り合いをしたのだ。二一世紀の〈イスラム教過激派〉について理解しようと思えば、この現実的で政治的な歴史を無視することは出来ない。知る努力を抜きにした紋切り型のテロ批判では、物事は何も解決しないのである。

なるほど、教科書的に世界史を眺めれば、ヨルダンがイギリスの委任統治領となり、シリアとレバノンがフランスの委任統治領になったということになるのだろう。だが、それらは事後的な歴史記述に過ぎない。シリアという地名は、元来、地中海東岸一帯の広い地域を指し、後にシリア、ヨルダン、レバノン、パレスチナ、イスラエルとなる界隈を含んでいた。それを、北部をフランスが分捕り、南部をイギリスが分捕る形で、地図に勝手に線を引いて分割したのだ。その結果、第二次世界大戦後、シリアとヨルダンは、両国間およびイラクとT字型の直線的な国境線に区切られて独立することになる。つまり、ヨルダンもシリアも、もともと今の形に区切られて存在していたわけではないのである。

イラクのクウェート侵攻の背景

一事が万事、このような次第であった。一九三二年にイラク王国として独立した範囲にしても、恣意的な線引きによって区切られたものに過ぎない。オスマン帝国の時代、この地域には、モスル州、バグダッド州、バスラ州、ラッカ州の一部などが含まれていた。それぞれの州には個別の特徴があり、一括りに扱えるものではなかったのである。

実際、南部のバスラ州ではシーア派住民が多数派であったし、北部のモスル州にはクルド人が多く含まれていた。また、西部のラッカ州は――イスラム国（ＩＳ）が首都と自称するラッカの辺りで――シリアとの結び付きの強い地方であり、遊牧民も多く暮らしていた。だが、そんな事情は顧慮されず、どれもが一緒くたにされる形で、イギリス委任統治領にされてしまったのである。そんな範囲が独立して一つの国になったところで、まとまるはずがないだろう。二一世紀になっても収まらないイラクの混迷は、こうした歴史的な事情に根を持つのである。

クウェートに至っては、さらに複雑だ。先述のとおり、イギリスは一八九九年にはクウェートを保護領化したのであるが、元来、この地域は、自治権を認められていたとはいえ、オスマン帝国バスラ州の一部であった。だが、オスマン帝国の衰退の中で、この地域を治めていたザハーハ家のムバラク大首長がイギリスに庇護を求め、勝手に保護領になったのである。それをオスマン帝国が仕方なく追認したのは、ようやく一九一三年――翌年に正式な保護領となる――になってからのことであった。

ここで、少し思い出してみよう。一九九〇年にイラクがクウェートに侵攻した際、当時のサダム・フセイン大統領は「クウェートは本来イラクの領土であり、イギリスが不当に分離したただけだ」という旨の主張を展開していた。イラクによる軍事侵攻は不当だとしても、この主張そのものは、歴史的に見ても間違いではない。少なくとも、択捉島《えとろふ》と国後島《くなしり》は日本固有の領土だという主張と同じ程度には正しい。だが、もう領土紛争は許されないというのが、連合国（United Nations＝国際連合）の基本原則なのだ。それを言い出せば、再び戦争になってしまうからである。

一度引かれた国境線は動かない

例えば、第二次世界大戦後、ポーランドは、敗戦国でもないのに、国土ごと西に引っ越すという無茶苦茶な仕打ちを受けた。しかも、ヤルタ会談において、アメリカ、イギリス、ソ連の三国が勝手に合意して決めたのである。もちろん、ポーランド人からすれば、これほど不当なことはない。それでも、たとえ不当だろうが無茶苦茶だろうが、もう国境は動かないのである。同様に、イギリス領の北アイルランドとアイルランド共和国との間に引かれた国境線も動かない。ピレネー山脈の南麓に住むバスク民族はスペイン人であり、その北麓に住むバスク民族はフランス人であるという既成事実も変わらない。そして、これまた全く同様に、クウェートとイラクは別の国なのである。好意的に解釈すれば、過去の歴史よりも現在

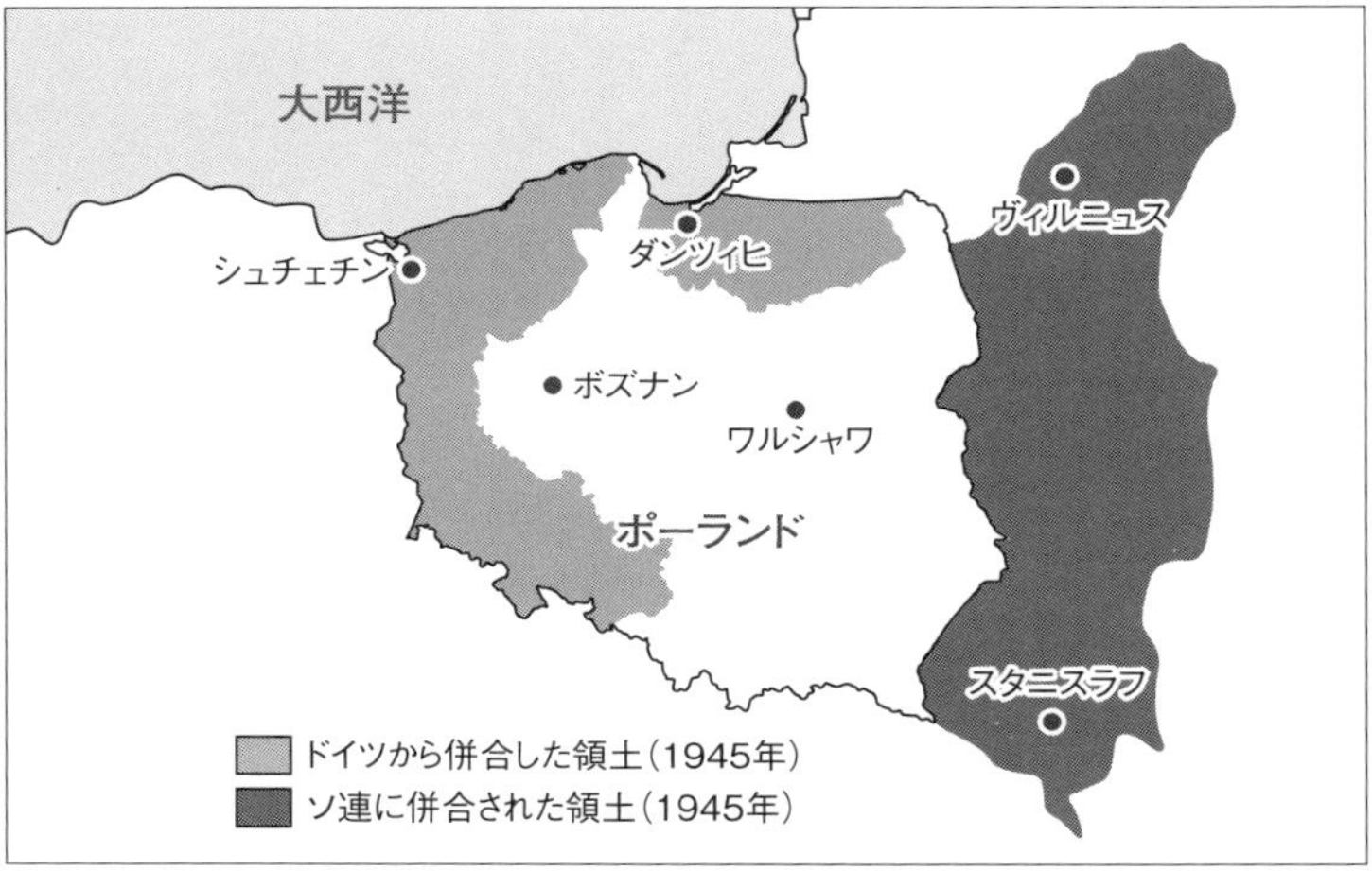

ポーランド移動

の平和という理屈になるのであろうが、それでアラブ——アラビア語圏の中東や北アフリカ——の人々が納得するか否かは別問題かもしれない。

ヨーロッパの列強諸国が勝手に引いた国境線の既成事実化は、北アフリカ諸国にも多くの問題を残した。その実態は、地図を見ただけで一目瞭然であろう。エジプトとリビアやスーダンとの国境、リビアとチャドの国境、アルジェリアとニジェールやモーリタニアとの国境などは、どれも地図上に定規で引いたような直線になっている。植民地支配者たちは、言語や民族の分布、宗教や宗派の分布などを全く無視した領土分割を行ったのだ。例えば、一九五一年にリビア連合王国（イドリース王国）として独立した地域は、伊土戦争（一九一一年～一二年）の結果としてイタリアがオスマン帝国から分捕った範囲に過ぎない。第二次世界大戦後、その範囲が固定したまま独立国になってしまったのである。

欧米列強が残した大きな傷跡

先述のとおり、二〇〇五年七月、ＩＲＡは武装闘争の終結を宣言した。ＥＴＡもまた、二〇一一年一〇月に無期限の停戦を表明した。いずれの場合も、自分たちの要求が実現したわけではないのに、テロ活動を止めたのである。要するに、賛同者が減って来たのだ。北アイルランドのカトリック教徒にしても、ピレネー山麓のバスク民族にしても、先進国の正当な住民である。もちろん、先進国にも、自分の生活や境遇に不満を持つ人々は多くいるだろう。それでも、ヨーロッパに押し寄せる移民たちからみれば、憧れるほど豊かな国に暮らす人々なのだ。そうした中にあっては、武装闘争までして現状を破壊するほどの気にはならないだろう。

しかしながら、多くの移民を——不法入国までして——送り出す側の国々の事情は同じではない。そして、移民としてヨーロッパに辿り着いた人々——その大半は貧しい——の気持ちもまた、そこに以前から暮らす人々と同じではないだろう。自分たちの置かれた苦境は、明らかに、過去の歴史と無縁ではないからである。しかも、その歴史の大きな部分は、欧米人が主導したものなのだ。このように考えるならば、二一世紀のイスラム教徒の中に、カリフが統治するイスラム帝国の復活を望む者が現れても不思議ではあるまい。

もし、第二次世界大戦後の中東諸国や北アフリカ諸国が順調に発展していたのなら、アルカイダやイスラム国（ＩＳ）などのテロ活動も起こらなかったかもしれない。だが、現実は厳しかった。一部には石油の富で潤った者もいたが、少なくとも大半の人々にとっては厳しいものであった。中東諸国や北アフリカ諸国には、近代化や西洋化を難しくする事情があったのである。次は、その点について考察しよう。

第四章　ヨーロッパの近代化がもたらした戦乱

広まる国民国家の概念

一九世紀後半——一八四八年革命[*22]以後——のヨーロッパでは、国境の決め方に関して、国民国家（Ētat-nation）という概念が強い影響力を持ち始めた。簡単に言えば、一つの国家（Ētat）は、文化や言語を共有する国民（nation）が住んでいる範囲だということになろう。戦争で勝ち取った支配地が領土なのではなく、国の間に引かれた境界は、言語や文化などの境界と重なるべきだというわけである。それを踏み越えてしまえば侵略として非難され、逆に文化を共有する人々が引き離されれば分断国家と見なされるのだ。

日本語の場合、国民という言葉は、単に特定の国に所属する人間、あるいは特定の国の国

＊22…同じ頃、オーストリア帝国の支配に抵抗する形で、ハンガリーでは民族暴動が勃発し、チェコのベーメンでは民族運動が盛り上がり、北イタリア各地でも独立運動が起きた。これら一連の動きは、諸国民の春と呼ばれている。また、イギリスではチャーチスト運動（選挙権拡大要求）が高まっていた。

籍を持つ人間を指すことが多い。そのため、国民国家という表現は、何だか同語反復のように感じられるだろう。だが、「国王の国家」と「国民の国家」を比べれば、国民国家の意味も少し分かり易くなる。ヨーロッパの絶対王政期において、ある国民とは、同じ国王（君主）に従う人間のことであった。ルイ一四世が「朕は国家なり（L'État, c'est moi.）」と豪語した通り、国家に帰属するということは、国王に帰属することだったのである。

一七八九年に始まるフランス革命は、この状況を転換させる大きな契機であった。当時の王政を倒すということは、国家や国民の定義そのものを変えることだったからである。敢えて大雑把に言えば、国家が存在するから国民がいるのではなく、国民が存在するから国家が形成されるということになろう。自国民と他国民の違いは、どの国王の下に置かれているかで決まるのではないからである。

となると、国民なるものは、それ自体として一つのまとまりを持ったものでなければならない。何らかの形で他の人間集団と区別される人々の団体が、一つの国家を形成することになるからである。逆に、世界中の人間が完全に均質であるのなら、別々の国家に別れて暮らす意味などないだろう。国の違いは、国民自身の側になければならないのだ。かくして、言語や文化や生活を共にする人間の集まりが、一つの国家だという考え方が生まれたのである。それが、国民国家に他ならない。なるほど、国民国家にも国王（君主）が存在する場合もある。だが、その存在は、国民や国民統合の象徴（シンボル）だと位置づけられるのである。

こうした国民国家の原則は、とりわけ地続きのヨーロッパ大陸の場合、戦争を防ぐための非常に有効な手段だと考えられた。国王が国家なのであれば、ある国の領土は、その国王が手に入れた領土だということになる。これに対して、国民国家の原則に立てば、ある国家の領土は、言語や文化や生活を共にする人間が住んでいる範囲だということになるからである。フランスの二月革命やベルリンとウィーンで起きた三月革命など、一八四八年のヨーロッパで起きた諸革命は、国民国家の原則を台頭させる大きな契機であった。

もちろん、国民国家にも難点は多くある。そもそも、文化的な境界は、海と川の境目のような場合もあり、必ずしも判然とはしていない。多様な文化が混在するバルカン半島のような地域が、これに該当するであろう。さらに、たとえ国境線を文化的な境界に重ねることができたとしても、いわゆる少数民族の問題が残ってしまうのだ。地続きの大陸であればこそ、少数民族や外国人を含まない国など存在しない。そうした人々は、自分が住む国の主流文化を共有しないが故に、居場所を失ってしまうことになるのである。この問題が最も悲劇的な形で噴出したのが、ナチス時代のドイツにおけるユダヤ人虐殺であった。

国民国家の枠組からはずれていたユダヤ人

イエスの時代には既にローマ帝国の属州下に置かれていたユダヤ人たちは、紀元一三五年にバル・コクバの乱が鎮圧されると、ついにエルサレムから追放されてしまう。これによって、ユダヤ人のディアスポラ（離散）が決定的になった。[*23] 祖国を失った人々が、世界各地への離散を余儀なくされたのだ。もちろん、ヨーロッパにも多くのユダヤ人が移り住むことになった。そして、どのような地に暮らそうとも、自分たちの信仰と文化を永く保持し続けているのである。こうした人々にとって、国民国家の原則は——たとえ国家間の領土侵略を防ぐためだとしても——息苦しいものであったに違いあるまい。

ヒトラー政権の下で強制収容所に送られたユダヤ人たちは、単に息苦しいどころでは済まなかった。いわゆるホロコースト[*24]——ナチスによるユダヤ人の大量殺戮——によって、多数のユダヤ人が命を奪われたのである。たしかに、ヒトラー自身は、無定見の日和見主義者に過ぎず、国民国家の原則を貫いていたわけでは全くない。それでも、ナチスによるユダヤ人の排斥が、この原則に便乗する形で開始されたことは事実であろう。実際、ヒトラーは、第一次世界大戦でドイツが敗北した責任を〝国内の裏切り者〟に転嫁していたのである。

こうした歴史的経緯を見るならば、国民国家という枠組は、独自の文化を保持しながらも国家を持たないユダヤ人に不利であったと言えるだろう。となると、ユダヤ人の中からも、自分たちの国を持ちたいという願いが芽生えて来るのも不思議ではあるまい。事実、早くも一九世紀末には、いわゆるシオニズム（Zionism）が登場するのだ。[*25] これは、パレスチナ（カナンの地）にユダヤ人国家を建設しようという運動の総称で、一八九七年にはスイスのバーゼルで第一回世界シオニスト会議が開かれるに至るのである。

イスラエルの建国

こうした中、実際にパレスチナ地方への〝故郷帰還〟を目指すユダヤ人も現れて来る。とりわけ、一九一七年のバルフォア宣言――イギリスがユダヤ人国家の建設を支持――以後は、ヨーロッパのユダヤ人を中心に、土地を購入するなどしてパレスチナに移り住む者が増えてゆく。[*26] そして、手に入れた荒れ地を開拓しながら、懸命に安住の地を作ろうとしたのである。

＊23…ディアスポラ（Diaspora）そのものは、早くも紀元前五八六年のバビロン捕囚の頃から始まっていた。
＊24…ホロコースト（Holocaust）は『旧約聖書』の創世記に由来し、元来は古代ユダヤ教で動物を丸焼きにした生贄を神に捧げる儀式（燔祭）を指していた。
＊25…シオンは、エルサレム南東の丘の名であるが、エルサレムの雅名としても使われる。

ただし、この当時、ユダヤ人国家の建設は、まだ将来的な構想でしかなかった。それが、ナチスによるユダヤ人迫害を契機に、一気に具体化するのである。端的に言ってしまえば、独自の文化を持つユダヤ人にも固有の国民国家を与えるべきだという国際世論が高まったのだ。

かくして、一九四八年五月、ユダヤ人国家のイスラエルが建国されるのであるが、その後の中東は――後述のとおり――戦争と動乱の渦中に投げ込まれることになる。誰が悪いのか？　中東や北アフリカのイスラム教徒たちは、近代史の荒波に巻き込まれてしまったが、同時に、ユダヤ人たちの歩みもまた、決して平穏ではなかったのである。宗教対立や民族対立と呼ばれる問題は、当事者たちの偏狭さに起因するのではない。多くの人々が、どうしても納得できない事情を抱えているのだ。それを水に流せと言うのは、あまりにも冷酷に過ぎるだろう。

イスラエル建国がもたらした争乱

そもそも、イスラエルの建国は、欧米諸国の都合に巻き込まれた政治的な帰結でありこそすれ、宗教的な必然性に起因するものではない。なるほど、ユダヤ人たちの間で、自分たちの国民国家を望む声が高まったのは事実であるに違いない。しかしながら、国民国家という考え方そのものが、近代ヨーロッパで生まれた政治思想に属するのであって、ユダヤ教の教義から出て来たものではないのである。実際、ユダヤ人の中には、純粋に宗教的な理由からイスラエルの建国に反対する者も少なくない。ユダヤ人国家の再建は神の手によるものでなければならず、人間が政治的な力で実現するものではないというわけである。結局、ユダヤ人たちもまた、内部分裂を余儀なくされてしまったのだ。

ともあれ、第二次世界大戦後、北アフリカや中東のイスラム教圏は、紆余曲折を経ながらも、結果的に植民地支配からの脱却を達成した。しかし、恣意的に引かれた国境線の問題を始め、植民地支配に起因する負の遺産まで清算できたわけではない。それに加えて、これらの地域に暮らす人々は、イスラエルの建国による争乱にも巻き込まれてゆくのである。[*27]

イギリス政府は——結果的にではあるが——一九一七年に出したバルフォア宣言の趣旨に

*26……バルフォア宣言とは、第一次世界大戦中の一九一七年一一月、イギリス政府が、パレスチナにおけるユダヤ人国家の建設に支持を与えた宣言である。時のバルフォア外相がイギリスのユダヤ人協会に宛てた書簡の形で表明された。その背後には、第一次世界大戦に際して、ユダヤ人資本の財政援助を当て込んだことと、中東イギリス軍に対するパレスチナ在住ユダヤ人の協力を期待したという事情があった。

*27……イギリスによる委任統治の終了とイスラエルの建国は、一九四七年一一月二九日の国連総会において、「パレスチナ分割決議」として正式に採択された。ユダヤ人とアラブ人の対立に困惑したイギリスが、決定を国連に委ねたのである。

基づく形で、イギリス委任統治領パレスチナの半分強をユダヤ人国家のために分け与えた。ただし、すでに一九一五年一〇月二四日、イギリス政府は、アラブ人側に対してマクマホン宣言[*28]を発していたのだ。すなわち、イギリスへの戦争協力と引き換えに、アラブ人がオスマン帝国——同じイスラム教徒でもトルコ族統治の国——から独立することを支持すると表明していたのである。となると、パレスチナの半分以上をユダヤ人国家のために割くという行為に対して、アラブ人側が猛反発したのも不思議ではあるまい。

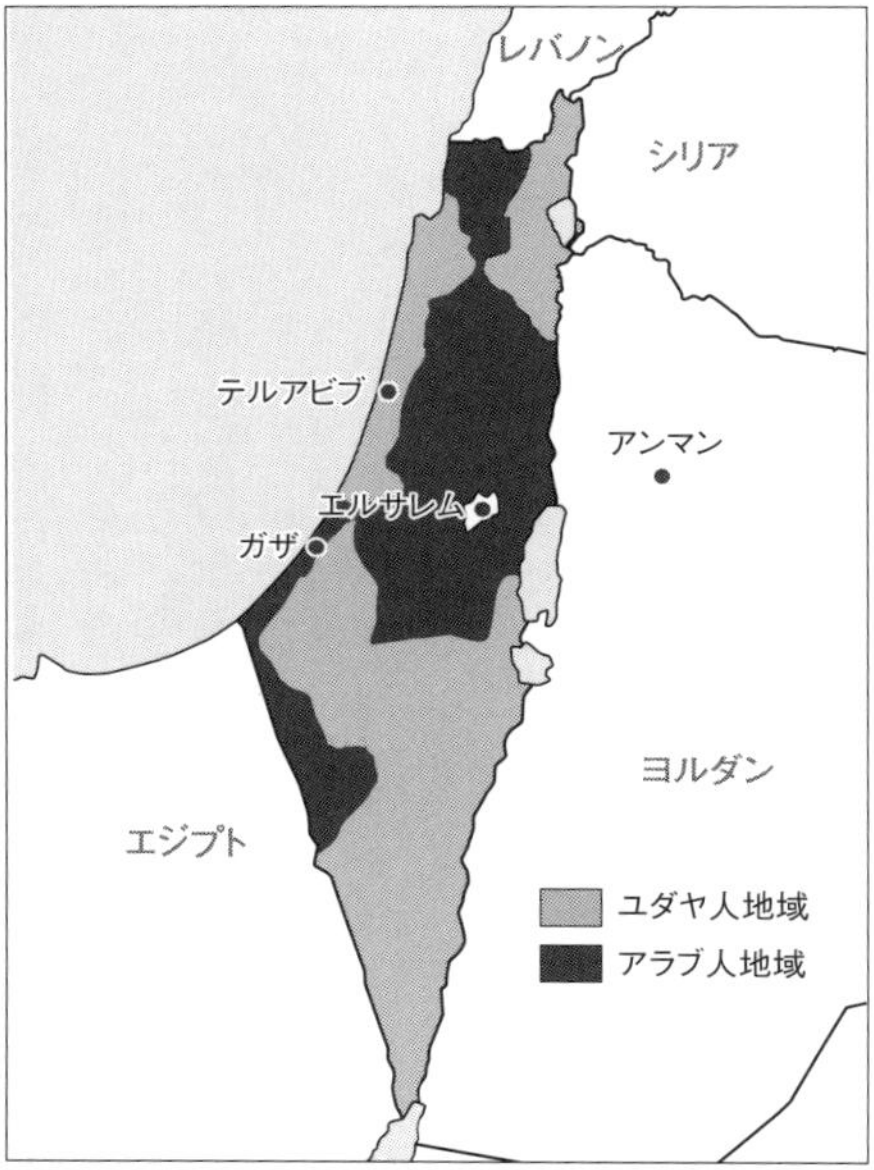

1947 年国連によるパレスチナ分割案

実際、バルフォア宣言とマクマホン宣言に関しては、相矛盾したものであり、イギリス政府が二枚舌を使ったと指摘されることもある。ユダヤ人とアラブ人の両方に対して、独立国家の建設を支持したというわけである。しかしながら、マクマホン宣言は、アラブ人国家の独立を支持していたが、その国境を明確に規定していたわけではない。少なくとも、パレスチナ地方をアラブ人に与えると約束したものではなかったのである。アラブ人からすれば、シリア西部はともかく、パレスチナは手に入るものだと信じていたのかもしれないが……。確かな事実は、アラブ人もユダヤ人もヨーロッパでの戦争に翻弄されたということである。

アメリカによるイスラエル建国支持

その結果、待っていたのは長い戦乱であった。一九四八年五月一四日にイスラエルの建国が宣言されると、反発する周辺アラブ諸国がパレスチナに侵攻し、第一次中東戦争（パレスチナ戦争）が勃発したのである。このとき、イスラエルを強く支援したのがアメリカであった。アメリカは、東西冷戦下の米ソ対立に揺さぶられながらも、その後も基本的にイスラエルを支持してゆく。[*29] その背後にあるのは、まさに宗教的な理由に他ならない。アメリカは、一七世紀に遡る建国の父祖――信仰に命を賭けてヨーロッパを離れた人々――の時代か

＊28…マクマホン宣言は、先出のフセイン・マクマホン協定の一環で、エジプト駐在のマクマホン高等弁務官が、メッカのアラブ人指導者（シャリフ）であるフセイン（フサイン）に対して通告したものである。なお、アラビア語を話すアラブ人が、トルコ語を話すトルコ人と別の国を求めた事実にも、国民国家という観念の影響が見て取れる。

ら、キリスト教を軸にする宗教国家という側面を強く持つ。だからこそ、二一世紀に入っても、選挙の度ごとに、進化論や同性愛や妊娠中絶といった事柄が主要な争点の一つになるのである。

宗教国家のアメリカでは、当然のことながら、宗教の政治的影響力が極めて大きい。となると、宗教熱心な人々の発言力が非常に強くならざるを得ない。その代表格は、いわゆる福音派（Evangelical）であろう。そして、福音派を中心とするキリスト教保守派が信奉しているのが、「クリスチャン・シオニズム」という独自の教義である。この教義は、一部のプロテスタントに信じられているもので、とりわけアメリカを中心に広まっている。それによると、パレスチナ（カナンの地）は、神との約束によってユダヤ人（アブラハムの子孫）に与えられたものなので、その状態を回復させなければならないというものだ。そうしなければ、キリストが再臨[*30]するための条件が整わないし、早くユダヤ人をパレスチナ地方に再結集させれば、キリストの再臨も早まるというのである。

アメリカにおける、クリスチャン・シオニズムの影響力は――多数派ではないにせよ――決して小さくない。例えば、二〇〇八年五月一五日、アメリカのジョージ・W・ブッシュ大統領（当時）は、イスラエル議会で建国六〇周年の祝辞を述べた際、イスラエル人のことを「選ばれた人々」だと明言した。具体的には、イスラエルのことを、「神の約束（promise of

God)」による「選ばれた人々の祖国（homeland for the chosen people）」だと表現したのである。それが正しいか否かは、まさに神のみぞ知るということになろう。つまり、理屈の入り込む余地はなく、完全に宗教的な信仰なのだ。

しかしながら、国際政治は、自分たちの信仰に沿った世界を実現するための手段ではない。そんな手段化が横行すれば、話し合いの余地は皆無となり、衝突が起きるのも当たり前なのだ。むしろ、わざわざ文明を衝突させているようなものだろう。いったい誰が文明を衝突させているのか……。

なぜ、アルカイダやイスラム国（ＩＳ）がアメリカを最大の敵と位置づけるのか。その理由は、もはや明白であろう。そして、なぜ対話ではなく戦闘が選ばれるのかも、もはや明確であろう。アメリカの側が理屈の通らない宗教勢力に動かされているのなら、対話もへったくれもないからである。

＊29…一九五六年に勃発した第二次中東戦争（スエズ動乱）において、アメリカがエジプトに対して好意的な態度を示したのは、何よりもエジプトの親ソ化を第一に警戒したためである。アメリカのキリスト教保守派は、イスラエル建国支持派であったと同時に——あるいは、それ以上に——反ソ勢力でもあった。

＊30…いつかキリストが再臨して神の国を打ち立てるという考え方であるが、この信仰そのものは、別に特殊なものではなく、普通のキリスト教に属する。

たしかに無差別テロは論外だが、宗教的に自分たちと異なる人々を打ち負かす対象にするような態度は、同じくらい容認し難いのだ。

もちろん、個々のアメリカ人の大半は、たとえ自分自身が強い信仰心を持っていようとも、頑固に排他的な宗教的原理主義者ではない。どこの国でも同じだろうが、多くの人々の主たる関心は、自分たちの身の回りで起こる出来事であって、遠く離れた土地での紛争ではないのである。それでも、国家としてのアメリカの中東政策がキリスト教保守派の影響下にあることだけは否定できないだろう。声高に叫ぶ者の意見ばかりが通ってしまうのだ。

アメリカのイスラエル支持派はユダヤ教徒を擁護していない

さらに複雑なのは、アメリカ流のクリスチャン・シオニズムがイスラエルの建国を支持しているのは事実だとしても、それがユダヤ人やユダヤ教を擁護しているのではない点である。アメリカのキリスト教保守派は、イエスをキリストだと信じているからこそ、その再臨を待っているのだ。これは、ユダヤ教徒の認識とは正反対であろう。ユダヤ教において、イエスはキリスト（救世主）だと見なされていない。となると、もし本当にイエスがキリストとして再臨すれば、ユダヤ教徒は最後の審判によって滅ぼされるか、さもなければ慌ててキリスト教に改宗する他はないだろう。宗教的に考えれば、そうならざるを得ないのである。

しかしながら、イスラエルの建国そのものは、純然たる政治的行為であって、深い宗教的省察に基づくものではない。そうである以上、イスラエルの人々——特に政治的指導層——は、宗教的な理屈がどうであれ、政治的な理由からアメリカとの同盟を利用していることになる。宗教的な理念を差し置いても、まず自分たちが望む形の国家を確立することが現実的な課題なのだ。具体的には、聖地エルサレムからイスラム教徒を追放し、エルサレムを含むパレスチナ全土をユダヤ人だけの国民国家にすることである。長く迫害され続け、挙句にはヒトラーによる大虐殺を経験して来たユダヤ人が、かつてのイスラエル王国のような国を持ちたいと切実に願う気持ちは、まさに現実問題として、決して責められることではないだろう。

こうなると、ユダヤ人とアラブ人とクリスチャン・シオニストの議論は、三者の間で全く噛み合わない。同じ土地を巡って、全く違う目的を持つ者たちが、全く違う歴史経験に即して、全く違う論理に立脚しながら、全く違う主張を展開しているからである。誰が正しいとか正しくないとかいう以前に、過去の歴史と現在の状況と宗教的な理念が、ごた混ぜになってしまっているのだ。

ちなみに、パレスチナ地方（カナンの地）は、かつてユダヤ人が住んでいた所であったことは事実だが、それを言い出すのなら、「アメリカ大陸はどうなのだろうか?」という疑問が生じるかもしれない。かつて、誰が住んでいたのだ? 究極のところ、そんな疑問を一蹴するには、「神」を持ち出すしかないのである。もちろん、そうした宗教国家的な発想も一種の固有文化であり、間違っていると言うことはできない。

足並みが揃わないアラブ諸国

一九四八年の第一次中東戦争では、イスラエル側がアラブ諸国を圧倒した。アメリカとイギリスがイスラエル側に付いたことが、戦況に大きく影響したのだ。しかしながら、それだけではない。むしろ、アラブ側の足並みが揃わなかったことが大きな問題だったのである。イスラエルの建国に最も強い抵抗を示したのは、アラブ民族主義(汎アラブ主義)に立つエジプトであった。要するに、アラブ人とユダヤ人の民族対立にこだわっていたのだ。これに対して、イスラム世界の盟主を自認するサウジアラビア——聖地メッカを持つ——の姿勢は、それほど民族対決を重視するものではなかった。さらに、サウジアラビアには、油田開発のために欧米諸国との関係を悪化させたくないという事情もあった。また、パレスチナの東隣に位置するヨルダンには、明らかに領土的な野心があった。かくして、反イスラエルで団結

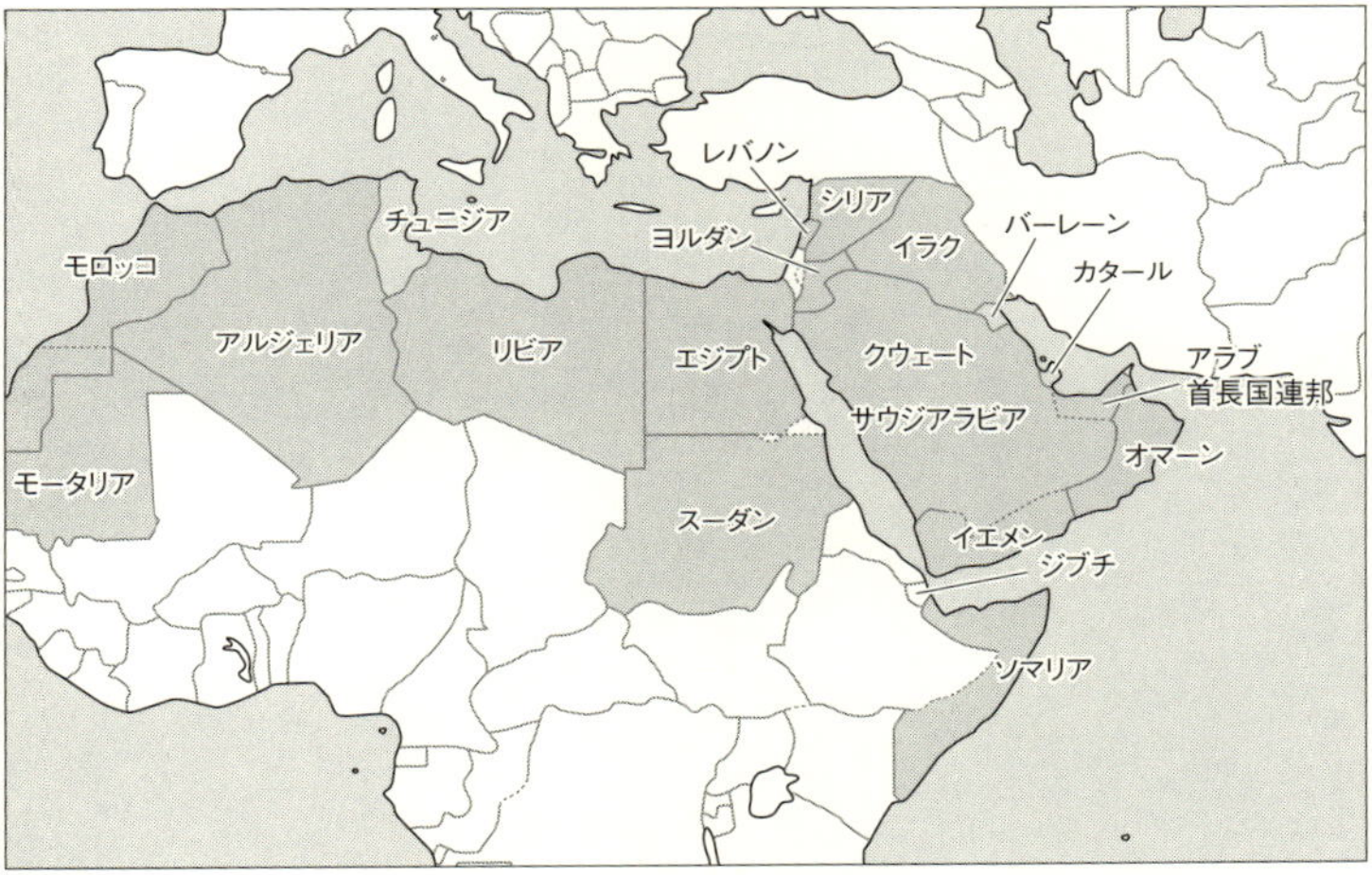

アラブ諸国

したはずだったアラブ諸国は、皮肉にも、自分たちの間の相互不信を高めてしまったのである。

もちろん、アラブ諸国は、いずれもイスラエルの建国に反対していたし、フセイン・マクマホン協定の顛末に対する不満を共有していた。しかし、たとえ恣意的な線引きで国境が決められたとはいえ、それぞれの国家が成立してしまった以上、各国に固有の事情や利害が発生するのは当然なのだ。さらに、イスラエルと国境を接している国々と、そうでない国々の間に温度差が生じることもまた、特に不思議ではあるまい。

一九四八年から翌年にかけての第一次中東戦争の頃、エジプトもイラクも王国であった。サウジアラビア、ヨルダン、イエメン、モロッコは、二一世紀に入っても王国のままである。つまり、アラブ側の足並みの乱れは、結局のところ、支配者の都合や思惑に起因するものだったと言えるだろう。中東や北アフリカに住む人々は、植民地支配から脱したものの、今度は自分たちを支配する君主や首長（アミール）の利害対立に翻弄されることになったのだ。

なるほど、右に挙げた国々の中には、後に共和制や立憲君主制に移行したところもある。だが、それらも含め、中東や北アフリカの国々における民主化は、長く蝸牛の歩みを続けてゆく。国家が植民地支配からの独立を果たしても、その国民は、相変わらず単なる被支配者でしかなかったのである。さらに、これらの国の多くでは——一部の例外を除き——庶民の生活水準の向上も概して遅れがちであった。そうした中で、自分たちの支配者は、ユダヤ人との戦争にも負けたのである。不満がつのるのも、無理はあるまい。

イスラム教徒たちの苦難

第一次中東戦争の結果、イスラエルは、パレスチナ地方の約八割を自国の領土にしてしまった。そして、イスラエルの建国と戦勝は、多くのパレスチナ難民を生み出すことになった。当時、約八〇万人のパレスチナ人——パレスチナ地方に住むアラブ人——がイスラエルに追われ、難民と化してしまったのである。その後、一九六七年の第三次中東戦争の際にも、さらなるパレスチナ難民が発生してしまう。その総数は——自然増も含め——二〇一五年時点で五〇〇万人を超えると言われている。その苦難は、終わりそうにない。もちろん、ほとんど全員がイスラム教徒だ。

結局、アラブ側とイスラエルの軍事衝突は、一九七三年の第四次中東戦争まで繰り返されることになる。ただし、その全てに参加したアラブ側の国は、エジプトのみであった。サウジアラビアなどは、最初の一回しか参加していない。戦争をするのが偉いとは断じて言えないが、同じイスラム教徒の苦難を目にしながら、自分たちの利益ばかりを考えた支配者が多かったことは事実であろう。

しかも、アラブ側は、ほぼ一貫して負け続けたのである。第四次中東戦争を契機としたシナイ半島の返還はあったにせよ、エジプトが第三次中東戦争に負けて奪われた土地を返してもらったに過ぎない。かくして、中東や北アフリカの人々は、自分たちの指導者に対する信頼を失ってゆく。庶民の暮らしが向上しない上、イスラエルにも勝てなかったからである。そうした状況の中で、正統なカリフが統治するイスラム帝国の再興を望む者が出て来たとしても、何ら不思議ではあるまい。

利用されたイスラム教徒の信仰

なるほど、いわゆる〈イスラム教過激派〉が敵視するのは、アメリカを始めとする西洋諸国である。しかし、その出現の種を蒔いたのは、中東や北アフリカの社会情勢なのである。現状に満足している人々は、命懸けの抵抗などしない。しかしながら、なぜ〈イスラム教過激派〉なのか。つまり、なぜ宗教を持ち出すのかが問題なのである。なるほど、イスラム教が持つジハード（聖戦）という考え方は、人々を煽動するのに利用し易かったのだろう。だが、それは結果論に過ぎない。東西冷戦期という時代背景の下、中東や北アフリカの国々の支配者たちは、自国民の社会主義化を恐れたが故にイスラム教の信仰を利用し、宗教上の伝統的価値を強く焚き付けていたのだ。社会主義を排除するためには、その無神論的性格を攻撃するのが最も好都合だったからである。

エジプト、シリア、イラクなどでは、いわゆるアラブ社会主義という国策方針が掲げられていた。だが、その実態は、概して産業国有化でしかなかった。民主的な国における産業国有化は富の平等配分に寄与するかもしれないが、世襲君主や独裁権力者が支配する国にあっては、それが逆の効果を生んでしまう。国家権力を独占する者が、国有企業の利益も独占してしまうからである。ただし、サダム・フセイン政権下のイラクだけは例外で――クルド人問題はあったが——ある程度の成功を収めていた。実際、当時のイラクでは義務教育普及率が一〇〇%に近かったし、キリスト教徒も自由に暮らしていたのである。もちろん、イラク国内で〈イスラム教過激派〉によるテロが起こることもなかった。

いずれにせよ、いわゆる〈イスラム教過激派〉は、極めて現実的な社会状況の産物でありこそすれ、宗教的信仰の産物なのではない。時の支配者たちが作為的に宗教を煽ったのであり、イスラム教そのものが悪いのではないのである。しかしながら、中東や北アフリカの支配者たちがイスラム教的な伝統価値を強調したことは、それらの国々の近代化を遅らせることになってしまった。当然のことながら、西洋近代の価値観が絶対的に正しいわけではない。それでも、二〇世紀後半という時代にあって、西洋的な近代化——資本主義であれ社会主義であれ——に便乗しなかった国々が不利になったことは否めない。少なくとも、国民経済の発展においては不利であった。

イランが追い込まれた苦境

とはいえ、西洋的な近代化への単なる便乗は、表面的な発展しか生まない。そのことを体現したのが、非アラブ圏のイランである。かつて、この国はペルシャと呼ばれていたのだが、

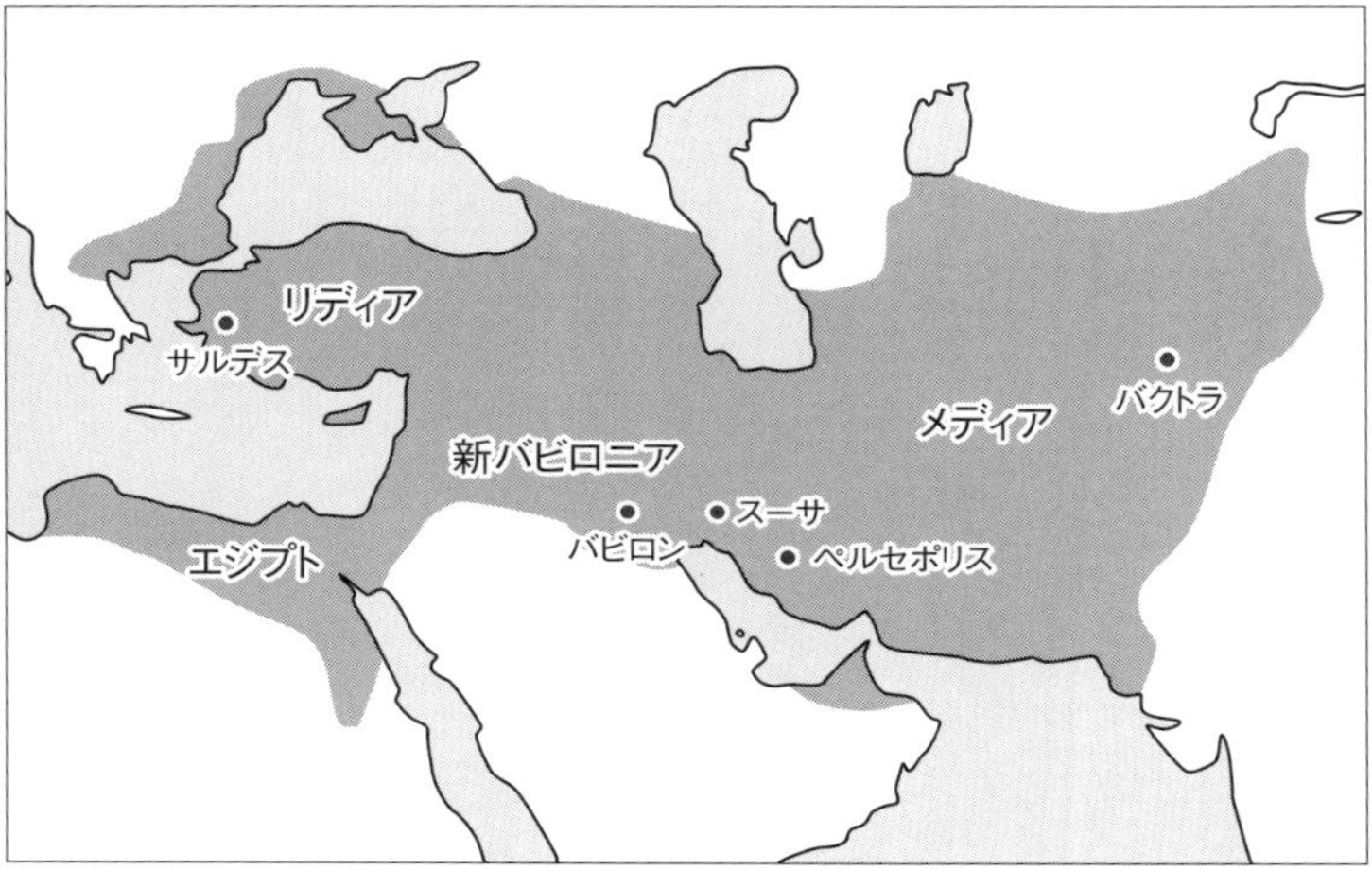

紀元前6-4世紀のアケメネス朝

それはギリシャ語に由来する外国からの呼称であった。そこで、一九三五年、時のイラン政府は、正式国名をイランに確定し、そう呼ぶように諸外国にも求めたのである。ただし、民族名や歴史的な旧国名を示す際は、現在でもペルシャという用語が使われることが多い。ペルシャ人、アケメネス朝ペルシャ、ササン朝ペルシャといった具合である。また、イランの正しい発音は「イーラーン」であり、この語は「アーリア人」を意味する「アルヤーン（Aryan）」から変化したものである。本題に入る前に、まずイランの人々の歩みを少し見ておこう。

ペルシャ人がメディア人――ペルシャ人の近縁民族――とともにイラン高原に入ったのは、紀元前一〇〇〇年頃のことであった。先に国家を建てたのは、メディア人である。一方、ペルシャ人たちは、アケメネス家を族長として、メディア王国の属領に暮らしていた。だが、紀元前五五〇年、アケメネス家のキュロス二世（キュロス大王）は、メディア王国を倒してペルシャ人の独立を果たし、アケメネス朝ペルシャを開いたのである。[*31] さらに、キュロス二世は、小アジア、バビロニア、アッシリア、シリア、パレスチナへと勢力を広げてゆく。紀元前五三九年に新バビロニアを滅ぼし、イスラエル人（ユダヤ人）をバビロン捕囚から解放したのは、キュロス二世の治めるアケメネス朝ペルシャだったのである。そして、捕虜になっていた者たちがエルサレムに戻って神殿を再建することを許したのも、このキュロス二世に他ならない。[*32] 今日のイラン人の祖先は、かつてユダヤ人の恩人だったのである。

アケメネス朝ペルシャは、紀元前五二五年にエジプトを倒し、古代オリエント全土に勢力を広げたのだが、アレクサンドロス大王の東方遠征によってマケドニアの前に屈し、紀元前三三〇年に滅んでしまう。マケドニア王国[*33]は、ギリシャ全体の覇権を握ると、アレクサンド

＊31…イランでは、キュロス二世によるアケメネス朝ペルシャの設立を建国の時とし、一九七一年には、三笠宮崇仁親王やイギリスのエジンバラ公やアメリカのアグニュー副大統領も出席した「イラン建国二千五百年祭典」が開催された。ただし、年数の計算は「イラン皇帝暦」による。

＊32…バビロンに囚われていたのはイスラエルの民だけではなかった。キュロス二世は、全ての捕虜を解放して故郷に帰還させ、それぞれの信教の自由を認めた。

ロス大王の下でバルカン半島から古代オリエントに亘る大帝国を建設し、イランやパレスチナ地方も支配下に置いたのである。だが、マケドニア王国もまた、ローマ帝国に屈し、紀元前一四八年にはマケドニア本国もローマの属州とされてしまった。そして、パレスチナ地方（カナンの地）もまた、紀元前六三年からローマに属州化されてゆくのである。

アレクサンドロス大王の没後、イラン一帯は、まずセレウコス朝シリアの支配下に入ったが、紀元前二四八年にアルサケス朝パルティアが独立を果たし、イラン系の王朝を復活させた。さらに、西暦二二六年、アケメネス朝の後継を自認するササン朝ペルシャが、パルティアを倒す形でイランを統治するようになるのである。なお、この時代まで、イランの宗教はゾロアスター教（拝火教）であった。そこに、イスラム教勢力が入って来るのだ。先述のとおり、西暦六五一年、二代目カリフであるウマルの大征服によって、ササン朝ペルシャは滅ぼされてしまった。その際、イスラム教化を嫌った一部の人々は、インドなどに脱出することになったのである。

その後、イラン一帯は、ウマイヤ朝、次いでアッバース朝の傘下で諸王朝の交代を繰り返すのであるが、八七四年に地元サーマーン朝がアッバース朝から一帯の統治権を与えられ、アラブ人の支配を脱することになった。だが、一〇世紀末からは、再びガズニー朝やセルジューク朝といった、トルコ系の地元王朝に統治されることになる。そして、ついに一六世紀初頭――アッバース朝の衰退期――にサファヴィー朝（一五〇一年～一七三六年）が独立政権を打ち立てたことで、久しぶりに異民族の支配から脱することになったのである。ただし、とりわけ初期のサファヴィー朝は、純然たるペルシャ人統治とは言い難かった。なお、このサファヴィー朝が、オスマン帝国の傘下には入らず、イスラム教シーア派を国教に定めたため、後のイランも同派の中心地となるのである。

サファヴィー朝はアフガン人（パシュトゥン人）の反乱によって滅ぼされるのだが、すぐにイランの支配権はトルコ系のアフシャール朝に移ってしまう。とは言え、この王朝もまた不安定であった。結局、一七九六年、やはりトルコ系のカージャール朝（一七九六年～一九二五年）が成立したことで、イランの統治は形ばかりの落ち着きを取り戻すことになる。かつてイスラエルの民をバビロン捕囚から解放したイランの民族もまた、長く複雑な歴史を辿って来たのだ。

実際、このカージャール朝もまた、オスマン帝国などと同様、時代の趨勢の中で非常に苦しい状況に置かれることになった。第一次ロシア・ペルシャ戦争（一八〇四年～一八一三年）、第二次ロシア・ペルシャ戦争（一八二六年～一八二八年）、イギリス・ペルシャ戦争（一八五六

＊33…マケドニア人はギリシャ人の一派であるが、古代ギリシャの中にあって、他の地域とは少し異質な集団を形成していた。

年〜一八五七年）などに相次いで敗れ、まさに英露帝国主義の餌食にされてしまったからである。さらに第一次世界大戦（一九一四年〜一九一八年）が勃発すると、イランは中立を宣言したにもかかわらず、オスマン帝国軍にもイギリス軍にも侵入され、国土は戦場と化してしまった。

こうした国難の渦中、当時のカージャール朝は倒れ、一九二五年にイラン系のパフレビー朝が成立する。[*34]新しく国王（シャー）になったパフレビー一世（レザー・ハーン）は、対外的な危機を背景に民族主義を刺激、中央集権的な軍事独裁体制を敷いてゆく。その一方で、国家としての近代化を進めるため、政教分離を進めようとしたのである。この点において、イランは、第二次世界大戦後のアラブ系諸国――社会主義化を恐れてイスラム教を前面に出した――とは異なっていた。

パフレビー二世の強引な近代化政策

しかしながら、民族主義者のパフレビー一世は、ナチス・ドイツに接近したことでイギリスやソビエト連邦との対外関係を悪化させ、一九四一年に息子への譲位を余儀なくされてしまう。ヒトラーは、ドイツ人こそ最も純粋なアーリア人種であると主張していたのだが、そのアーリア人の祖先はイランなのである。[35]そもそも、イランという国名自体が「アーリア人の国」という意味なのだ。

父親の後を継いだパフレビー二世（パーレビ国王）は、一時的な中断はあったものの、東西冷戦下のアメリカとの関係を深めながら、半ば強引な近代化政策を推進してゆく。逆に言えば、当時のアメリカは、独裁的な世襲王権と結託していたということなのだ。イランは、ソビエト連邦の南隣という重要な位置にあると同時に、一大産油国だったからである。[36]そのイランが接近して来たとなると、アメリカが取る態度は自明であろう。パフレビー二世もまた、アメリカ型の生活や文化を受け入れ、政教分離という建前の下、イスラム教色を排除していった。そして、一九六四年には、イスラム教シーア派の指導者であるホメイニ師（アヤトラ・ホメイニ師）を国外追放にしてしまう。ホメイニ師が、国民生活を無視した独裁的な近代化政策に反対したからである。

＊34…カージャール朝はトルコ系の王朝で、セルジューク朝と同系統であった。
＊35…ドイツ民族が最も純粋なアーリア民族というヒトラーの主張には、何の根拠もない。ヒトラーは、日本人もまたドイツ人と同じアーリア民族だと言い張ったのである。こちらもまた、何の根拠もない。言うまでもなく、ユダヤ人が最低民族だという主張にも何の根拠もない。
＊36…第一次世界大戦に先立つ一九〇八年、既にイランにおいて中東地域で最初の油田が発見されていた。

イラン革命勃発

こうした中、一九七二年五月、ついにアメリカのニクソン大統領によるイラン訪問が実現した。ちなみに、当時の首都テヘランの中心街は、さながらニューヨークのようであったと言われている。ともあれ、この訪問の際、ニクソン大統領はイランに戦闘機を供与すると約束したのだ。事実、後のイラン空軍は、アメリカ製F14戦闘機で武装することになった。もちろん、アメリカが供与した兵器は、おそらく戦闘機だけではあるまい。これと並行するように、一九七四年以後、イランの石油収入は激増してゆく。これが、アメリカ製の兵器を購入する原資にもなったのだ。しかしながら、国が栄えたからといって、国民が栄えるとは限らない。どのような人間たちが潤ったのかを考えれば、そんなことは自明であろう。

イランが迎えた事態は、かつてホメイニ師が非難したとおりになった。独裁体制の下、国王に近い一部の者ばかりが石油利権を独占する一方、商店主（バザール商人）の破産が相次ぎ、多くの農村民が棄農を余儀なくされ、都市の下層労働者になっていったのである。当然のことながら、国民の不満は高まってゆく。だが、アメリカの後押しで独裁を強化した国王側は、それを権力で厳しく弾圧したのである。まさに、悪循環であった。それを終わらせたのが、一九七九年二月のイラン革命に他ならない。

始まりは、テヘランから南方へ約一三〇キロ、イスラム教シーア派の聖地であるゴム（コム）という都市であった。一九七八年一月、そこで起きた反政府デモを警察の治安部隊が強硬に鎮圧したのだ。すると、その際の犠牲者を追悼するデモがイラン全土に拡大してゆく。もちろん、国王側の弾圧も激化していった。特に、九月八日にテヘランで起きた「黒い金曜日事件」では、治安部隊がデモ隊に対して無差別に発砲するという事態にまで至ったのだ。こうなると、国民の怒りは頂点に達し、一二月一〇日から一一日にかけてのアーシュラーの祝祭日には、テヘランで百万人規模の反国王デモが発生することになる。この段階で、パフレビー体制の崩壊は、もはや時間の問題であったと言えよう。

実際、年が明けると、急転直下に革命が進んでゆく。まず、一九七九年一月一二日、フランスに亡命中であったホメイニ師の後ろ盾の下、イランにイスラム革命評議会が組織された。すると、事態の収拾を放棄したパフレビー二世は、一月一六日、家族を連れて国外へと脱出してしまう。それと入れ替わるように、二月一日には、反独裁政権の旗手であったホメイニ師が一五年ぶりに帰国する。さらに同月四日、イスラム革命評議会はメフディー・バーザルガーンを暫定首相に指名した。そして二月一一日、ついに反国王派が全権を掌握したのである。

ホメイニ師指導のイスラム共和国樹立

当時の反国王派は、ホメイニ師を支持するイスラム教シーア派勢力が中心であったが、それだけではなかった。パフレビー体制を打倒するため、民族主義者から共産主義者まで、かなり多様な勢力が結集していたのである。それでも、やはり多数派はイスラム教勢力であったし、ホメイニ師は反独裁闘争の象徴的存在であった。かくして、三月三〇日～三一日に実施された国民投票では、約九八％の賛成をもって、ホメイニ師が指導するイスラム共和国の樹立が支持されたのである。イラン国民の選択は、欧米追従の近代化ではなく、自分たちらしくイスラム教の信仰に立ち返ることであった。ただし、あくまでもイスラム教に立脚した自国を望んだのであって、それが必ずしも反米であるわけではなかった。

しかしながら、ほどなくイランは反米化してゆく。一〇月二二日、パフレビー二世が――病気治療という建前で――アメリカに保護されたからである。もちろん、事実上の亡命であった。さんざん弾圧されたイラン国民には、これが許せなかったのだ。当然のことながら、イランの革命政権側は、アメリカに対してパフレビー二世の引き渡しを要求した。だが、アメリカ側は、これを拒否する。すでに亡命者として受け入れてしまっている以上、今さら追い返すわけにはいかなかったのだろう。

するとイスラム法律学校の学生たちがテヘランのアメリカ大使館前に集まり、前国王の引き渡しを求める抗議行動を始めたのである。イランの革命政権は、この事態を放置した。言わば、黙認したのである。その結果、抗議活動は拡大し続け、ついに一一月四日、一部の参加者――約四〇〇人――が大使館に侵入し、「イランアメリカ大使館人質事件」が発生してしまう。かくして、大使館員を始めとする五〇人以上のアメリカ人が、一年二ヵ月以上も監禁されてしまったのだ。

この事件の背後には、革命政権に入った原理主義的な宗教保守派たちの存在があったと言われている。おそらく、そこにあったのは、純粋に宗教的な理念ではなく、政治的な利害であったに違いない。事件を、政権内の主導権争いに利用したと思われるのだ。事実、発足したばかりの新政権は、まだ内部の統制が取れていなかった。それでも、少なくとも事件発生当初の時点では、革命政権側もホメイニ師も、何とか穏便な解決を模索していたようである。まあ、常識的に考えて、出来たばかりの新しい体制を船出させるに当たって、厄介なことは避けるに越したことはないだろう。

しかしながら、アメリカの側の姿勢は強硬で、早くも一一月一三日、イランからの原油輸入を全面停止するなど、いわゆる「石油断交」に打って出たばかりか、その二日後には、イランの在米公的資産を全面凍結してしまう。こうなると、事態は長期化せざるを得ない。多くのイラン国民と同様、ホメイニ師も革命政府も――おそらく内政的な事情から――一気に反米姿勢へと転じてゆくことになるのである。一方、パフレビー二世本人は、一二月にアメリカを離れ、サダト政権下のエプトに保護された。

膠着した状況の中、アメリカのカーター政権は、翌年四月七日にイランとの国交を断絶した上、同月二四日には軍事作戦による解決を強行した。ところが、近くまで精鋭部隊を派遣したものの、用意したヘリコプター八機のうち三機が砂嵐に巻き込まれたり故障したりで使えなくなり、作戦そのものが続行不能となる。さらに、止むなく撤退する途中で、自軍のヘリコプターと輸送機が衝突するという事故が発生し、アメリカ兵八人が犠牲になるという悲劇まで起きてしまったのである。

その後、七月二七日、パフレビー二世がエジプトで死去した。つまり、大使館占拠の目的そのものが失われてしまったのである。かくして、仲介国を通じた交渉が始まり、翌一九八一年一月、人質たちは解放されることになった。それでも、イランが反米イスラム教勢力となってしまったことには変わりない。両国の敵対関係は、二一世紀に入っても続くことになる。ただ、対立の契機を考えれば、それを必然的な文明の衝突だと見なすことには、大きな疑問を抱かざるを得ない。そもそも、ホメイニ師が逮捕や国外追放といった目に遭ってまで抵抗したのは、独裁や弾圧、あるいは貧富の格差に対してだったのである。

「悪の枢軸」のレッテル

イランの政界において、イスラム原理主義的な宗教保守派と、共和主義的な穏健派との間には、革命直後から確執が生じることになる。両派は、ともにパフラビー二世の独裁に反対していたため、革命時には共闘することができた。しかし、革命が実現して共通の敵がいなくなると、宗教保守派は、ホメイニ師の掲げた「イスラム共和制」から離れてゆく。ここから、イラン革命が、宗教的あるいは文化的な暴走という性格を帯び始めるのだ。その一つの現れが、アメリカ大使館人質事件なのである。同じイスラム教シーア派勢力とはいえ、亡命によってフランスで暮らしていたホメイニ師と、イランでパフラビー政権に抑圧され続けた人々との間には、心情的な温度差があったのかもしれない。

内政面を見ても、早くも一九八〇年六月、穏健派であったバニサドル初代大統領は、就任から半年ほどで宗教保守派が多数を占める議会から弾劾されてしまう。さらに、第二代のラジャー大統領も穏健派寄りであったのだが、今度は在任一六日で爆殺されてしまうのである。しかし、そうした事態を、イスラム教シーア派という宗教に結びつけてはならない。そこにあるのは、まさに政争そのものなのだ。むしろ重要なのは、革命直後のイラン国民が、選挙によって穏健派のバニサドル大統領を選んだという事実であろう。イラン国民にとって革命が何であったのかは、この事実に象徴されている。

革命の後も、両派の葛藤は続いてゆく。そうした中、一九九七年に穏健派のハタミ大統領が就任すると、イランは、明らかに国際関係の改善へと舵を切り始める。だが、それをぶち壊したのが、アメリカのジョージ・W・ブッシュ大統領（当時）の発言であった。二〇〇二年一月二九日、ブッシュ大統領は、イランを「悪の枢軸（axis of evil）」と呼んだのである。これを契機に、イランの宗教保守派は勢いづき、二〇〇三年二月の地方議会選挙と二〇〇四年二月の国会選挙で多数派を占めることになった。

さらに火に油を注いだのは、またもやブッシュ大統領であった。二〇〇五年二月二日、アメリカ議会の一般教書演説において、イランを「第一のテロ支援国家（the world's primary state sponsor of terror）」と名指ししたのである。国内での支持が欲しいために――ポピュリズム的な手法で――勇まし気な発言を繰り返すのかもしれないが、言われた方は忘れない。そんな発言をされたのでは、対外関係の改善を掲げるハタミ大統領は、もう立つ瀬がないだろう。それでも、ハタミ大統領は努力を続け、その約二ヵ月後の四月五日にはパリを訪問し、フランスのシラク大統領（当時）と握手を交わしたのである。だが、その甲斐もなく、二〇〇五年六月の選挙によって、宗教保守派のアフマディネジャド大統領が誕生することになった。

背後にあるのは宗教ではなく政治的な理由

このアフマディネジャド大統領の保守強硬路線に敢然と異を唱えたのが、イスラム教シーア派の「大アヤトラ」であるモンタゼリ師なのである。イラン革命時にもイスラム共和派として大きな役割を果たしたモンタゼリ師は、アフマディネジャド大統領の専横的な政治を批判したばかりでなく、二〇〇九年一一月四日には、アメリカ大使館人質事件は過ちだったと述べたのだ。イスラム教シーア派で最も偉い師が、過ちだと明言したのである。イランの最高指導者（ラフバル）は宗教保守派寄りのハメネイ師（在：一九八九年〜）であるが、ハメネイ師がアヤトラなのに対し、モンタゼリ師は、それより偉い大アヤトラである。そのモンタゼリ師が明言したとなると、それこそがイスラム教シーア派の正統見解だとみなすのが自然であろう。実際、モンタゼリ師は、先の発言の翌月、二〇〇九年一二月一九日に世を去ってしまったのだが、その葬儀には数万人の国民が集まったとのことである。要するに、支持と信頼を集めていたのだ。

その後、モンタゼリ師に厳しく糾弾されたアフマディネジャド大統領は支持を失ってゆき、二〇一三年六月の大統領選挙では、穏健派のロウハニ大統領が誕生した。そして、九月二七日には、アメリカのバラク・オバマ大統領とイランのロウハニ大統領の歴史的な電話会談——直接会話は一九七九年以来——が実現するのである。さらに、ロウハニ大統領が会談の様子をツイッターで報告したのに対して、米国国務省も返礼のツイートを行ったのだ。イランに対して暴言を浴びせて対立を煽るだけなら誰でもできるが、何の成果も生まない。オバマ大統領は、そんなことをしなかったのである。

ただし、これに際しては、イラン政界の宗教保守派が黙っていなかった。歴史的な電話会談の三九日後の一一月四日、首都テヘランでは、アメリカ大使館人質事件の三四周年を〝祝う〟集まりが催されたのである。参加者たちは、アメリカとイスラエル国旗を燃やしていたのであるが、その数は——報道映像を比較する限り——モンタゼリ師の葬儀に集まった人々ほどではないようであった。いずれにせよ、背後にあるのは政治なのだ。イスラム教が過激なのではない。シーア派そのものが原理主義的なのではない。イラン革命が暴走し、アメリカ大使館人質事件まで起きてしまったのも、基本的には政治的な理由に起因している。そうである以上、火に油を注ぐような形で文明の衝突を煽動してはならないのである。

コラム

インドの場合

ヒンズー教徒とイスラム教徒の対立にしても、イギリスの植民地統治時代に作られたものである。近代以前のインドでは、イスラム教徒とヒンズー教徒は「兄弟」として暮らしていた。もともと、先鋭な宗教対立などなかったのである。しかし、インド人が対英独立運動のために団結することを阻止しようとしたイギリスが、イスラム教徒とヒンズー教徒の宗教対立を煽動したのである。きっかけは、セポイの乱（インド大反乱）であった。

この争乱は、一八五七年五月一〇日、デリー北方の小都市メーラトにおいて、イギリス東インド会社の傭兵（セポイ）が蜂起したことに始まる。この当時、イギリスは、すでにインドの征服を完成させつつあったのだが、その強硬な植民地政策によって、インド人たちは反感を強めてゆく。そんな折、英軍の銃の薬包に、イスラム教徒の嫌う豚の脂とヒンズー教徒が神聖視する牛の脂が塗られているという噂が広まった。そして、それに怒った傭兵たちが暴動を起こすと、反乱は全国に広がり、一八五九年七月まで続くことになるのである。

最初に反乱を起こした傭兵たちの中には、ヒンズー教徒もイスラム教徒もいた。また、インド各地でも、ヒンズー教徒もイスラム教徒も区別なく反乱に加わったのである。要するに、インド人たちが、宗教の区別なく共闘したのだ。だからこそ、イギリス側は、インド人の団結を分断する必要があったのである。セポイの乱の渦中の一五五八年八月に東インド会社は解散し、それ以後のインドは、イギリスからの直接支配を受けることになる。ここから、イギリスによる分割統治が始まるのだ。その代表的な政策は、イスラム教徒とヒンズー教徒の対立を煽ることであった。

結局、イギリスは、インドの支配を諦めることになる。第二次世界大戦後、ついにイギリスはインドの独立を認めたのだ。しかしながら、そこには一つのインドはなかった。一九四七年八月、インドがヒンズー教徒の国として、パキスタンがイスラム教徒の国として、国土を分割する形で別々に独立したのである。植民地支配時代に煽られた宗教対立が、分離独立を生んでしまったのである。

この宗教対立は、二一世紀に入っても尾を引いている。国としてのインドとパキスタンは独立後も——カシミール地方の領有などを巡って——対立を続け、インド国内においては、ヒンズー教徒とイスラム教徒が殺し合う事態が発生しているのだ。かつては「兄弟」と呼び合った人々が、なぜそうなったのか。その原因は、文明の衝突や宗教の教義に求めるべきではないだろう。ガンジーが描いたインドの国旗は、サフラン色がヒンズー教徒を示し、緑色がイスラム教徒を示している……。

第五章　混迷する中東・北アフリカ情勢

イスラム原理主義の温床を形成したもの

アラブ系諸国では、自国民の社会主義化を恐れた政治指導者たちがイスラム教を前面に出したことで、近代化が遅れたと同時に、いわゆる〈イスラム教過激派〉や〈イスラム原理主義〉の温床を形成してしまった。逆に、イランでは、パフレビー二世によってイスラム教色を薄めた近代化が進められたのだが、結末は上述のとおりである。宗教が何であれ、一部の者が石油の富を独占して来たという状況は、イランでもアラブ産油国でも同じなのだ。石油の採掘権を先進国に売り飛ばして儲けるという方法は、つまるところ不労所得であり、現場での肉体労働ぐらいしか雇用を生み出さず、国民経済全体の発展には繋がらないのである。こうした国々の支配者たちは、大きく見れば同じ穴のムジナだったのだ。実際、一九八〇年の「アメリカ大使館人質事件」を機にアメリカを出国したパフレビー二世を受け入れたのは、サダト政権下のエジプトであった。そのサダト大統領にしても、一九八一年、いわゆる〈イスラム教過激派〉によって暗殺されることになる。

イラン革命は、パフレビー二世の圧政に対する国民側の抵抗であり、断じてテロなどではない。[*37] それを主導したのは、あくまでもシーア派のイスラム教徒たちであって、アルカイダやイスラム国（IS）といった集団ではない。実際、イスラム共和国の樹立にしても、国民投票における圧倒的大多数の賛成によって承認されたのだ。そして、革命の結果として出来上がった「イラン・イスラム共和国」は――少なくとも形式上――イスラム教指導者が統治するイスラム教徒の共同体だとされているのである。この事実は、イランの人々とは全く無関係なところで、いささか厄介な影響力を発揮してしまう。イランでの出来事が――宗派の違いこそあれ――イスラム帝国の復興を掲げる者たちを触発することになったからである。革命後のイランが、一種の先例と見なされたのだ。こうした影響を最も恐れたのは、アラブ産油国の支配者たちと、その石油利権を共有する超大国であった。

イラン・イラク戦争勃発

イラン革命の波及を真っ先に懸念したのは、隣国のイラクであった。先述のとおり、イギリスによる支配という過去を引きずるイラクは、極めて恣意的な国境線に囲まれた国である。

また、スンニ派が主流の他のアラブ諸国とは異なり、イラクでは国民の六割から七割がシーア派だという複雑な事情もある。そうした中で、当時のイラクは、スンニ派のサダム・フセイン大統領による独裁の下、多くの課題を抱えながらも、何とか安定を保っていたのである。フセイン大統領にとって、隣国での革命が自国内のシーア派住民を刺激することは非常に大きな脅威であった。イラン革命が波及して来れば、イラクの安定は一気に崩壊してしまうからである。とりわけ、イラン政界で勢力を強める宗教保守派の存在は、イラクにとって大きな不安材料であった。かくして、一九八〇年九月二二日、約八年に亘るイラン・イラク戦争が勃発した。イラク軍が、イランへの大規模な越境攻撃を開始したのである。[*38]

イラン・イラク戦争を契機に、それまでソ連陣営に近かったイラクは、一九八四年一一月、アメリカとの復交を果たす。とはいえ、この戦争に際しては、ソ連もイラク側への支援を続けてゆく。かくして、ソ連に加え、アメリカを始めとする西洋諸国や、イラン革命の波

*37…ただし、第四章で記したように、アメリカは、一九八四年一月、イランをテロ支援国家に指定している。さらに、二〇〇五年二月二日、当時のブッシュ大統領は、一般教書演説の中でイランをテロ支援国家と名指しし、対決姿勢を鮮明にした。しかし、その約二ヵ月後の同年四月五日には、イランのハタミ大統領（当時）がパリを訪れ、フランスのシラク大統領（当時）と握手を交わしていたのである。

*38…イラン・イラク戦争の背景には、両国の国境を流れるシャットゥルアラブ川の領有権や航行権を巡る長年の対立もあった。イラクが公式に掲げた戦争の理由は、この問題である。

及を恐れるアラブ諸国――リビアとシリアを除く――がイラク側に付くことになったのである。ただし、北アフリカのリビアと、イラクの北西隣のシリアは例外であった。当時のリビアを支配していたカダフィ独裁政権は、強硬な反米路線を掲げており、アメリカが支援するイラクではなく、その敵のイランの側に付き、アル＝アサド一族が支配していたシリアは、一九七〇年代からイラクとの関係が悪く、シーア派勢力の支援という建前でイラン側に肩入れしたのだ。[*39] さらに、アラブ諸国の大半がイラクを支持したことで、これまた敵の敵は味方という具合に、何とイスラエルがイラン側に付くことになったのである。そして、イラク国内では、自治権を求めてフセイン政権と対立していたクルド人たちがイラン側に立つことになった。[*40] いずれにせよ、こうした状況に宗教の教義もへったくれも何もない。あらゆることが、利害関係と政治的対立によって動いて来たのである。

結局、長く続いたイラン・イラク戦争は、一九八八年八月二〇日、痛み分けのような形で停戦を迎えた。欧米諸国やアラブ諸国やソ連がイラクを支援したのだが、イスラム共和国の防衛を掲げて闘うイランは、義勇兵の健闘もあって持ちこたえたのである。結局、長い戦いの後に、経済的損失と過剰な軍備が両国に残ることになった。そして、イランのイスラム共和制もまた、アメリカを始めとする国々の懸念を抱えたまま生き残ったのである。いずれにせよ、イスラム教が過激な思想であるわけでもなければ、イスラム教徒が互いに好戦的であるわけでもない。中東や北アフリカにおける紛争の大半は、長い目で見れば、欧米諸国が主導した国際政治に起因するのである。実際、イランが西隣のイラクと戦争をしていた頃、東隣のアフガニスタンでは全く逆の戦争が展開されていた。

アフガニスタンの軍事クーデター

アフガニスタンは、ソ連（当時）の南隣に位置し、国民の大部分はイスラム教スンニ派に属する。ここで、イラン革命の前年に当たる一九七八年四月二七日、軍部のクーデターが勃発した。その結果、アフガニスタン人民民主党が政権を掌握し、共産主義寄りのアフガニス

＊39…アル＝アサド一族はシーア派の一枝を自認するアラウィー派に属するのであるが、国内的には少数派（人口の約一二％）である。なお、アラウィー派がシーア派に含まれるか否かについては見解の相違がある。

＊40…クルド人は、トルコ、イラク、イラン、シリアなどに跨がって住む山岳民族で、ほとんどの者はイスラム教徒であるが、宗派的な統一はない。もちろん、クルド人の自治権要求そのものには、耳を傾けるべき点が多い。しかしながら、民族構成も宗派構成も不自然な形で国境を定められたイラクにおいて、それぞれの集団の自治を認めたのでは、国家そのものの存立が不可能になってしまうだろう。なお、イラン・イラク戦争時の一九八八年三月、フセイン政権がクルド人に対して化学兵器による攻撃を行ったと言われているが、真相は定かではない（ハラブジャ事件）。

タン民主共和国が樹立されたのである。しかしながら、宗教を否定視する共産主義政権の誕生は、国内のイスラム教勢力の猛反発を引き起こしてしまう。そして、一九七九年八月一八日、パキスタンのペシャワールに逃れた反政府勢力は、当地でイスラム教政府の樹立を宣言することになるのである。反政府勢力側は、自らムジャヒディン――ジハードを遂行する者――を名乗り、共産主義政権との激しい戦闘に打って出た。

一方、国内の紛争に直面しながらも、アフガニスタン人民民主党は内部闘争に明け暮れ、事態は混迷を深めてゆく。この渦中、一九七九年九月にハフィーズッラー・アミンが政権を奪取するのであるが、その独裁的な弾圧政策は、さらなる反発を生み出してしまう。これに苛立ったのが、隣国のソ連だ。アフガニスタンにおいてイスラム教勢力による反政府闘争が激化すれば、それが自国のイスラム教地域に波及する危険性があったからである。[*41] かくして、アミン独裁政権を不安視したソ連は、一九七九年一二月二七日――イラン革命の約一〇ヵ月後――アフガニスタンへの軍事介入を行うに至った。その結果、アミンは処刑され、ソ連が擁立したバブラク・カルマルがアフガニスタン人民民主党の書記長として実権を握るのである。[*42]

ここから、さらに事態は迷走してしまう。カルマルもまた共産主義の立場を取り、イスラム教勢力と敵対し続けたからである。これに対して、イスラム教政府を掲げるムジャヒディンたちは、ゲリラ戦を展開しながら、激しい抵抗を続けてゆく。アフガニスタンでは、イスラム教政府を目指す勢力と親ソ連政府という対決構図が成立したのである。時は、東西冷戦期でもあった。となると、アメリカは、ソ連の敵の味方とならざるを得ない。[*43] 要するに、イ

＊41…ソ連（ソビエト社会主義共和国連邦）は連邦国家であり、ロシア、ウクライナ、ベラルーシなど、一五の共和国から成る連合体（国が集まって作ったグループ）であった。その中で、ウズベク、トルクメン、キルギスといった中央アジア地域の共和国では、大半の国民がイスラム教徒であった。なお、一九九一年末におけるソ連の解体とは、グループが解散して、それぞれがソロになった（戻った）ようなものである。

＊42…ソ連側は、アミンがアメリカに留学した経験があることから、行き詰まった挙げ句に親米派に寝返る可能性を危惧していたとも言われている。

＊43…ソ連によるアフガニスタン侵攻は、一九八〇年のモスクワオリンピックにも影響を与えた。このオリンピックに対する日本人の一般的な印象は、西側諸国のボイコットによる片肺オリンピックというものであろう。日本オリンピック委員会のウェブサイトにおけるモスクワオリンピックの項目にも、「西側諸国が不参加」と記されていた。しかし、実際には、西側のボイコットと言うより、アメリカのボイコットなのだ。たしかに、分断国家の西ドイツや韓国に加えて、発言力の弱い国々はアメリカに追従する道を選んだ。だが、直前のモントリオール大会に参加した国や地域の数が九二であったことを考えると、モスクワ大会の参加数が八〇というのは、それほど劇的に減ったわけではない。現に、イギリス、フランス、イタリア、スペイン、ポルトガル、オランダ、ベルギー、スイス、オーストリア、ギリシャ、アイルランド、デンマーク、スウェーデン、フィンランド等々といったヨーロッパ諸国は軒並み参加していたし、中南米のメキシコ、ブラジル、ベネズエラ、ジャマイカなどの国々も参加していた。インドだってオーストラリアだって参加していたのだ。にもかかわらず、日本は、当然のごとく、いち早くボイコットを表明した。これは、欧米諸国と歩調を合わせたのではない。アメリカだけに追従することを重視し、多くのヨーロッパ諸国とは別行動を取ったということなのである。

スラム教政府の樹立を目指してゲリラ闘争を繰り広げるムジャヒディンの側に付いたのである。その際、アメリカで英雄視されたムジャヒディン戦士こそ、オサマ・ビンラディンに他ならない（日本人の田中光四郎もムジャヒディンのサムライ戦士として有名である）。

反米路線を強めたオサマ・ビンラディン

ここで、一九八〇年に始まったイラン・イラク戦争のことを思い出そう。全く同じ時期、アメリカはイランのイスラム共和制政府と敵対していたのである。アフガニスタンのイスラム教勢力を支援しながら、イランではイスラム教勢力を敵に回し、ソ連と共にイラク側に立っていたのだ。一方、共産主義国家として宗教的な政権を否定するソ連の態度は、アメリカよりも一貫していた。それでも、イスラム教徒たちからすれば、欧米やソ連の思惑に巻き込まれてしまったという事実は変わらない。

その後も、似たような事態の繰り返しなのだ。一九九一年の湾岸戦争では、アメリカとソ連に加え、多くのアラブ諸国が、今度は共にイラクを敵に回して戦った。その際、サウジアラビア王家が自国にアメリカ軍を駐留させるのを目の当たりにしたオサマ・ビンラディンは、急速に反米路線を強めてゆく。同じイスラム教徒を攻撃するために、異教徒の軍隊を迎え入れたことが許せなかったのだ。いずれにせよ、何もかもが超大国や先進国やアラブ諸国の支配者たちの都合で進められて来たのだと言えよう。イスラム教に重大な問題があるのでもなければ、イスラム教徒たちに大きな責任があるわけでもない。こうなると――テロという手段は論外だとしても――外部からの邪魔を排除し、一人のカリフが統治するイスラム教徒共同体の復興を望む気持ちも、分からないではないだろう。

だが、イスラム教徒共同体もまた、観念的な理想に過ぎないのだ。現実的な共同体は、宗教的な絆だけで成立するわけではないからである。かつて、ウマイヤ朝やアッバース朝は、一人のカリフが統治するイスラム帝国を築き上げた。その主要な版図となった中東や北アフリカといった地域は、二一世紀に入ってもイスラム教圏となっている。端的に言えば、イスラム教が非常に根強く定着したにもかかわらず、イスラム帝国の方は滅んでしまったのだ。何の後腐れもなく滅んだのなら、まだ良かった。しかし、そうはならなかったのである。

北アフリカ諸国の政治変動

アルジェリアでは、二〇〇一年四月から数ヵ月間に亘って、北部のカビリー地方を中心に国内暴動が頻発し、当局による鎮圧によって総計一二六人の死者と五〇〇〇人以上の負傷者を出す事件が発生した。その直接の発端は、四月一八日、カビリー地方のティジウズで、一人の男子高校生が憲兵に射殺されたことである。これは、単発的な殺人事件ではなかった。その背後には、いわゆる〈ベルベル人問題〉が横たわっていたのである。命を奪われた高校生は、アルジェリア人のイスラム教徒であるが、民族的には、この地方に多く住むベルベル人だったのである。

アルジェリアを始め、モロッコやチュニジアといった北アフリカのマグレブ諸国は、アラブ世界に含められるのが一般的であろう。実際、これらの国において二〇一〇年から二〇一二年にかけて生じた政治変動は、「アラブの春」と呼ばれているのだ。今日的な定義では、アラビア語圏の国々がアラブ世界だとされているのである。逆に言えば、アラビア語を母語とする人々がアラブ人だということに他ならない。その意味では、アルジェリアもモロッコもチュニジアもアラビア語を公用語とする国であり、紛れもなくアラブ世界に属するということになろう。

だが、長い歴史を振り返った場合、マグレブ地方はアラブ世界に属してはいなかった。アラブ人とは、古くはアラビア半島――および周辺――に住んでいた人々であり、アラビア語もアラビア半島を中心に用いられていた言葉だったからである。アラビア語が北アフリカに伝播したのは、イスラム教徒の大征服によるものなのだ。ウマイヤ朝やアッバース朝が版図を拡大したことによって、イスラム教とアラビア語が広まったのである。[*44] このように考えると、近代の西洋諸国が中東や北アフリカを植民地化したように、昔のアラブ人もまた、征服によって地元の言語や文化を奪ったということになろう。何も、古い話を蒸し返しているのではない。いわゆる〈ベルベル人問題〉は、二一世紀に至っても流血の惨事を引き起こしているのである。

千年以上前の征服がもたらす後遺症

征服されたのは、ベルベル人たち（Berbères）であった。ベルベル語を話すベルベル人こそ、北アフリカ地方——古代マウレタニア——の先住民なのである。アラブ人は、七世紀半ば頃に今日のアルジェリア辺りに侵入し、八世紀初頭には、今日のモロッコ辺りにまで勢力を伸ばす。まさに、アラブ人中心主義のウマイヤ朝の時代であった。そして、アラブ人による征服の過程で、イスラム教とアラビア語が強制されたのである。だが、その過程は容易ではなかった。イスラム教に対する——カヒーナ女王などの——抵抗もさることながら、とり

＊44…イスラム教の正典「クルアーン（コーラン）」はアラビア語で書かれている。

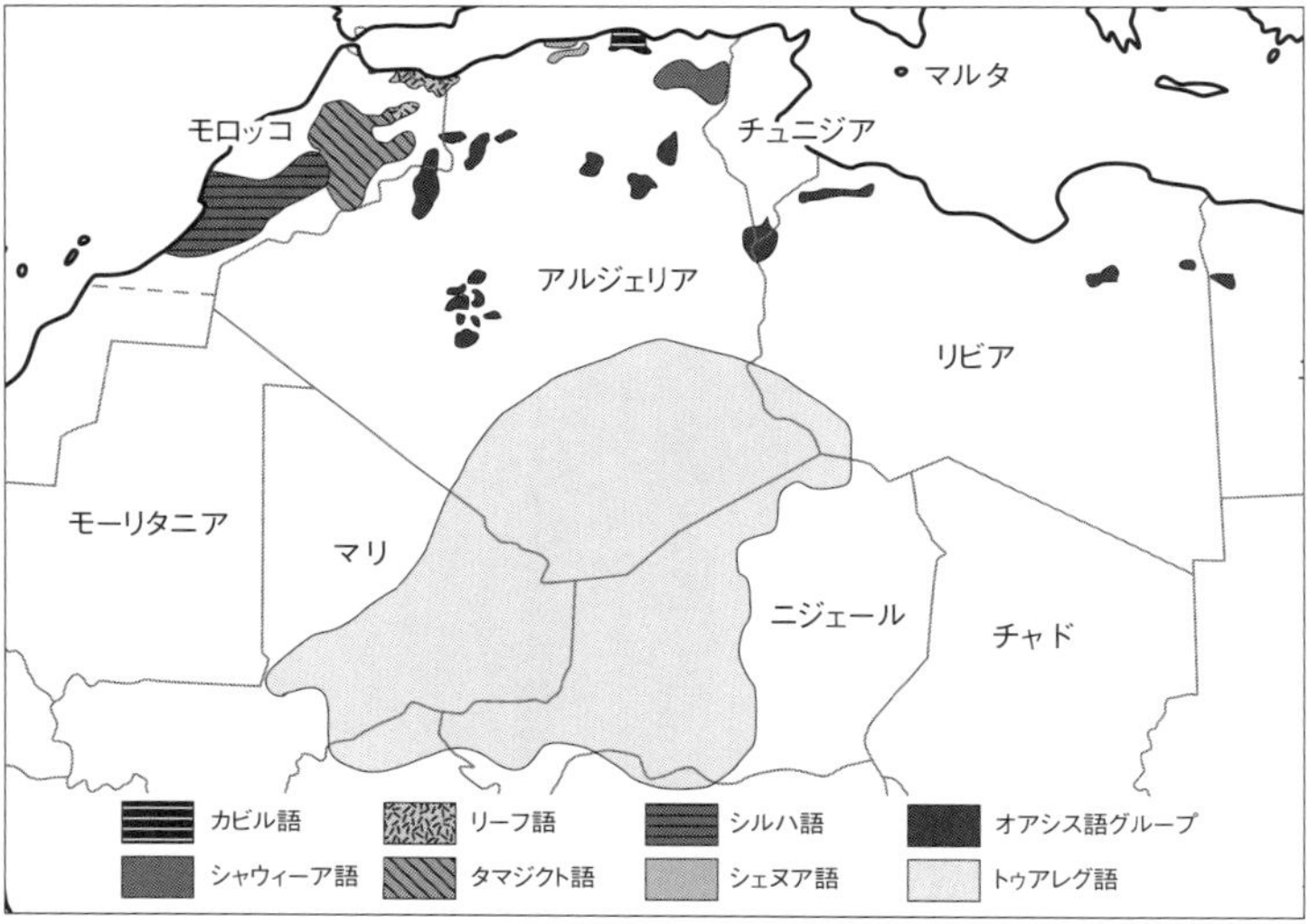

ベルベル諸語圏　(Documentation photographique n° 8027 掲載図を参考に作成)

わけ先住民のアラビア語化は難しく、各所で激しい反発を招くことになったのだ。実際、ベルベル人たちは、ようやくイスラム教を受け入れた後も、アラブ人による支配には不服を抱き続けたのである。

もちろん、アラブ化――アラビア語化――されたベルベル人も多く存在した。[*45]だが、最後までアラブ化されなかった地域が、北アフリカ各所に飛び地のように残存してしまったのだ。とりわけ、ウマイヤ朝やアッバース朝による支配が短期間であった地域には、今日でも多くのベルベル語圏が残っている。[*46]その人口は、決して無視できるようなものではない。モロッコでは総人口の三五～四〇％、アルジェリアでは総人口の二〇～二五％

が、今日でもベルベル系譜語を母語とするベルベル人なのである。要するに、モロッコやアルジェリアがアラブ世界であるというのは、多数派側の強弁に過ぎないのだ。

二一世紀においても、アルジェリアやモロッコでは、さまざまな形でベルベル人たちの抵抗や権利要求が続いている。二〇一五年七月にも、アルジェリアのガルダイア地方でアラブ人とベルベル人の衝突が発生し、二日間で少なくとも二二人もの死者を出す惨事となったのだ。同じアルジェリア人であり、かつ同じイスラム教徒でもある人々が、二手に分かれて殺し合いを演じてしまったのである。また、二〇一六年八月一二日には、アルジェリアのヘンシュラに建つカヒーナ女王の像が焼かれるという事件も起こった。千年以上も前の征服が、千年以上の暗い後遺症を残しているのだ。近代のイスラム教徒たちが西洋諸国の利害に巻き込まれているのと全く同様に、ベルベル人たちもまた、外部からの征服者の犠牲になっているのである。その姿は、二一世紀のイスラム国（IS）に支配されている人々と重なって見えてならない。

＊45…ヨーロッパでは、アラブ化されたベルベル人をムーア人と呼ぶことが多い（ただし定義は曖昧）。イベリア半島に侵攻したのは、ムーア人を中心とする部隊であった。

＊46…北アフリカ地域には、一〇世紀から一三世紀頃にかけて、ベルベル人の王朝も成立していた。

単純な善悪二分論など論外

なるほど、二一世紀における中東情勢や北アフリカ情勢の混迷は、西洋諸国が主導した近代史の歪みに起因するところが大きいのであろう。だが、だからと言って、古いイスラム大帝国を理想として担ぎ出しても仕方ない。そんなものは、一種の郷愁に過ぎないのだ。少なくとも、アルジェリアやモロッコに暮らすベルベル人たちは、紛れもないイスラム教徒でありながら、アッバース朝の再興など断じて望んでいないだろう。いくら後のアッバース朝がウマイヤ朝に比べてアラブ色が薄かったとは言え、それがアラブ人の王朝であることは変わりないからである。さらに言えば、「クルアーン（コーラン）」がアラビア語版のみを正本としている以上、他言語を母語とするイスラム教徒は、どうしたって言語面での被支配者にならざるを得ないだろう。

ここまで来ると、誰が悪くて誰が正しいのか、もう誰にも分からない。だからこそ、世界は混迷しているのである。こうした中、単純な理解や短絡的な解決案ほど有害なものはない。善悪二分論など、常に論外中の論外なのだ。七世紀から八世紀にかけて大征服を行ったイスラム教徒たちは、純粋な善意の下、神の教えを伝える使命感に溢れ、命懸けでジハード（聖戦）に身を投じたのであろう。そして、命を賭した善意という点に関しては、第一次世界大戦に従軍したヨーロッパの兵士たちも同様なのだ。さらに言えば、中東戦争を闘ったイスラエル兵も同様なのである。

第六章　近代の過ちはどこにあったのか

歴史とは過ちに満ちた人間の歩み

あらゆる歴史的事実には、何らかの形で人間の所業が関係しており、その意図がどうであれ過ちを免れることはない。神は絶対的に正しいのかもしれないが、ただの人間が絶対的に正しいなど有り得ない。ユダヤ教徒もキリスト教徒もイスラム教徒も、ただの人間である以上、誰しも過ちを犯すものなのである。歴史とは、過ちに満ちた人間の歩みなのだ。何よりも、そのことを認めなければなるまい。単に互いの過ちを非難し合っても、新たな過ちしか生まれないのである。

その上で、改めて近代の歴史を振り返ってみよう。イギリスがエジプトを占領したのは一八八二年、アラブ首長国連邦を保護領としたのは一八九二年、そして、クウェートを保護国化したのは一八九九年のことであった。外側から眺めた場合、この時代のイギリスは、明らかに帝国主義——対外膨張主義——へと舵を切っていたと言えよう。だが、国内の状況に着目すると、別の側面が見えて来る。一九世紀後半のイギリスは、まさに民主化と福祉改革の時代だったからである。同じ時代における同じ国の話であるにもかかわらず、こちらの側面は、後々まで肯定的に語られてゆく。だが、一体の歴史をバラバラに捉えてはならない。民主化や福祉的改革は、帝国主義と連動して実現したものなのである。

産業革命がもたらした労働者階級の貧困

世界で最初の産業革命がイギリスで起こったのは、一七六〇年～一八三〇年頃のことであった。その後、一八五〇年頃から一八七二年あたりにかけて、イギリスはビクトリア朝中期の繁栄と呼ばれる時代を迎え、世界の工場としての地位を確立してゆく。その一方で、イギリスの政治家であり作家でもあったベンジャミン・ディズレーリ伯爵は、一九世紀前半の自国を「二つの国民（two nations）」に分断された状態だと描写していた。労働者階級と中産階級（ブルジョワジー）とを隔てる溝が、同じ国民の間にある序列とは言えないほど甚大だったからである。

産業革命による経済発展によって、実際に生産活動を担う人々が豊かになったわけではない。むしろ、低賃金長時間労働や児童労働に支えられた経済発展は、労働者階級の著しい貧困を生み出してしまったのだ。事実、エドウィン・チャドウィックが一八四二年にまとめた『衛生報告』よると、マンチェスターの労働者の平均死亡年齢は、わずか一七歳であったということである。あるいは、K・マルクスの盟友であったフリードリヒ・エンゲルスもまた、一八四五年に出版した『イギリスにおける労働者階級の状態』の中で、そうした悲惨な状況を告発していた。苦しんでいたのは、植民地化された国々の人たちばかりではなかったのである。

当時のイギリスにおいて、著しい貧困の蔓延という事態は、単に労働者階級だけに関わる問題では済まなかった。たとえ労働者階級の貧困が自己責任だと強弁したところで、それに伴う弊害は社会全体に及ぶのである。実際、軍隊は不健康な兵士を前に危機感を募らせ、教会は労働者階級の無知と不道徳を嘆き、生産現場は労働力の質的低下に苦しむことになった。さらに、労働者たちが暮らす劣悪なスラム街は、しばしば伝染病の発生源にさえなったのである。こうなると、労働者階級が直面する困難は、社会全体に関わる問題とならざるを得ない。だからこそ、民主化や福祉的改革に向けた動きが登場してきたのである。

社会主義的志向のフェビアン協会結成

こうした中、イギリスがエジプトを占領した二年後の一八八四年、ロンドンでフェビアン協会（Fabian Society）が結成された。[*47] 社会主義的な志向を持つ知識人たちが集まり、漸進的な社会福祉国家の建設を目指したのである。この時代のイギリスは、すでに帝国主義の時代に入り込んでいた。諸外国から経済面で追い上げられる中、自国が支配する市場領域の拡大を求めて、海外植民地の獲得へと舵を切っていたのである。フェビアン協会の活動にしても、結局のところ、この趨勢と連動していた。実際、その主張は、自由党（旧ホイッグ党）の帝国主義派から支持されることになるのである。その代表格は、自治相や植民地相を歴任したジョセフ・チェンバレンであろう。[*48]

チェンバレンは、二つのことで歴史に名を残した。一つはチェンバレン通達（Chamberlain Circular）であり、もう一つは第二次ボーア戦争（南アフリカ戦争）である。イギリスがエジプトを占領した一八八六年、自由党の第三次グラッドストン内閣の自治相であったチェンバレンは、救貧委員と地方自治体に向けた通達を発し、非熟練失業者に雇用機会を与える公共事業を促進するよう求めたのである。チェンバレン通達は、その実効性はともかく、貧困や失業を公的な施策によって解決しようとする試みであったと言えよう。

そこには、たしかに福祉的改革を目指す態度が見受けられた。すなわち、自由競争による経済発展や私的な慈善活動に頼むのではなく、あくまでも公的な措置による社会政策が模索されたのである。この種の施策は、一八九〇年には労働者階級住居法（Housing of the Working Class Act）、一八九一年には初等公教育の無償化、一八九七年には労働者災害補償法（Workmen's Compensation Act）といった具合に継承されてゆく。忘れてはならないのは、これらを推進したのが自由党の帝国主義派だという事実である。実際、チェンバレンは、まぎれもない帝国主義者でもあった。

＊47…フェビアン協会の名は、古代ローマの名将ファビウスに因んでいる。名将ファビウスは、その先延ばし戦法に因んで、「遷延家（Cunctator）」と呼ばれているのだが、フェビアン協会の方針もまた、急進的な社会主義革命ではなく、緩やかな漸進的改革を旨としていた。その態度は、浸透主義とも呼ばれている。

＊48…ジョセフ・チェンバレンは、一八三六年にロンドンで生まれたイギリスの政治家で、一八七六年から自由党の下院議員となった。また、一八八〇年から一八八五年には商務相、一八八六年には自治相を歴任したが、その後は離党し自由統一党を結成した。また、一八九五年からは連立政権（保守党と自由統一党の合一）で植民地相に就任して一九〇三年まで務め、植民地政策を推進した。

植民地支配に支えられた社会主義

一八九九年から一九〇二年にかけての第二次ボーア戦争は、イギリスの帝国主義政策を極めて明確に象徴する出来事だと言えよう。[*49] そして、この戦争を画策し、南アフリカをイギリスの手中に収めたのは、第三次ソールズベリー内閣で植民地相を務めたチェンバレンなのである。その態度は、露骨なほどに帝国主義的であった。チェンバレンの中では、社会主義と帝国主義とが矛盾なく同居していたのである。その根本的な理由は、かなり単純なものだ。社会政策のための財源を確保するには、植民地支配による収益が不可欠だというわけである。

チェンバレン流の政策は、後に「社会帝国主義（Social-Imperialism）」と形容されることになる。そして、フェビアン協会もまた――結果的な事実のみを見る限り――同じ路線を共有していた。実際、その中心的存在であったシドニー・ウェッブやバーナード・ショーは、一九〇〇年に出されたマニフェストにおいて、第二次ボーア戦争を支持する態度を取ったのである（*Fabianism and the Empire : A Manifesto by the Fabian Society*）。おそらく、その背後には、国民国家という考え方が忍び込んでいたのだろう。その枠組は、閉じた自国中心主義と隣り合わせなのだ。言い換えれば、自分の勤める会社さえ儲かれば、競争相手の会社が潰れても構わないという発想に近い。社長が自社の従業員しか守らないように、政治指導者は自国民の利益だけを図ればよいというわけである。

民主化と福祉と帝国主義が矛盾なく同居

さらに、イギリスの一九世紀後半は、選挙権拡大の時代でもあった。一八六七年の第二回選挙法改正によって、それまで中産階級以上に限定されていた選挙権が、初めて都市域の上層熟練労働者にも開かれた。さらに、一八八四年の第三回選挙法改正では、地方の農業労働者や鉱山労働者にも選挙権が与えられ、大部分の成人男子に選挙権が与えられるようになったのである。ちなみに、この改正を強く後押ししたのも、チェンバレンであった。ただし、民主化と福祉的改革と帝国主義を同居させていたのは、この一人の人物だけではなかった。当時のイギリスでは、圧倒的大多数の国民が、愛国心と直結する帝国主義を強く支持して

＊49…第二次ボーア戦争（Tweede Boerenoorlog）は、オランダ系のブーア人（ボーア人）が支配する南アフリカ共和国（Zuid-Afrikaansche Republiek）及びオレンジ自由国（Oranje-Vrijstaat）に対してイギリスが行った戦争で、南アフリカ戦争とも呼ばれる。一九世紀後半に同地域でダイヤモンド鉱と金鉱が相次いで発見されたことにより、イギリスがこれらを支配しようとしたのが開戦の主たる理由である。なお、当時の南アフリカ共和国（一八五七年〜一九〇二年）は、オランダ系移民が建国したもので、トランスファール共和国と称されることもある。

いた。民主化を訴え、福祉的改革を要求していた人々が、同時に植民地政策に賛同していたのである。となると、当時のイギリスの政治家たちは、民主的な手続きに則って、国民が支持する政策を遂行していたということになろう。それが間違っていたというのであれば、極端な話、民主的な議会政治そのものが成り立たない。中東地域や北アフリカ地方が混乱してしまった原因として、ヨーロッパ諸国による植民地支配を責めることは簡単だ。だが、具体的に、どの時点で誰が何をどう間違えたのだろうか。その解答は、簡単ではあるまい。

ついでに言えば、フランスの状況もまた、多少なりとも似たようなものであった。一八五二年にフランスの皇帝となったナポレオン三世（ルイ・ナポレオン）は、一八六〇年に議会権限の強化を実施し、いわゆる「自由帝政（Empire libéral）」を開始する。[*50] それと同時に、自国の労働者階級に対する配慮も深め、社会政策の充実を推進していった。この時期、ようやく産業革命を達成したフランスは、労働問題がこじれることを恐れていたからである。

そもそも、ナポレオン三世は、男子普通選挙によって大統領に当選した後、国民投票での承認によって皇帝に就いた人物であった。そうした手続によって政権を獲得した為政者であればこそ、労働者階級の処遇を改善していったのである。その施策は、後に「皇帝社会主義（socialisme du prince／socialisme de Napoléon Ⅲ）」と呼ばれるようになった。ただし、ナポレオン三世もまた、帝国主義者であった。特にアジアでの植民地政策には積極的で、一八六一年にはベトナム南部三省を占領し、一八六三年にはカンボジアを保護国としたのである。要するに、イギリスの社会帝国主義と類似の路線を採っていたのだ。

文明の衝突などではなかった

いずれにせよ、近代におけるヨーロッパ諸国の帝国主義的政策は、資本主義経済からの要請や福祉的改革の財源確保といった動因に支えられこそすれ、反イスラム教という思想的背景を伴っていたわけではない。イスラム教文明と西洋文明の衝突と称される事態――その実在自体も不明確だが――は、もっと後の時代に登場して来るのである。あるいは、民族間や文化間の摩擦といった事態なら、イスラム教と西洋との間の摩擦に限らず、いくらでも生じて来た出来事であろう。実際、二一世紀の世界を見渡しても、アルジェリアでは、同じイス

＊50…ナポレオン三世の本名は「シャルル・ルイ・ナポレオン・ボナパルト（Charles Louis Napoléon Bonaparte）」である。ナポレオン一世（ナポレオン・ボナパルト）の弟の子として一八〇八年にパリで生まれた。一八五二年まではルイ・ナポレオンと名乗り、皇帝即位後はナポレオン三世と名乗った。一八四八年の大統領選挙で当選し、一八五二年には皇帝となる。だが、一八七〇年の普仏戦争でプロイセンに敗れて失脚した。その後、フランスは第三共和制へと向かう。

ラム教徒でありながら、言語の異なるアラブ人とベルベル人が摩擦を起こしているし、ユダヤ人たちにしても、イスラエル建国支持派と、その反対派が内部摩擦を起こしているのだ。こうした事実を直視すれば明らかなとおり、イスラム教やイスラム教文明だけが何か特異なものであるわけではないのである。

なるほど、二一世紀のヨーロッパ諸国では、イスラム教系の移民が、受け入れ国側の社会と多くの摩擦を起こしていると言われている。特に、イスラム教徒の多いフランスの事例は――移民系女子高生の頭巾着用問題を始め――日本でも多く紹介されている。だが、それは何も特別なことではないのだ。フランスの場合、移民系住民との摩擦など、一九世紀の半ばから起こっているのである。もちろん、その時代の文化的葛藤は、イスラム教系移民が関係するものではなかった。むしろ、キリスト教信仰の強いイタリア人などが、移民排斥の対象となっていたのである。ここで、そうした歴史を追跡してみよう。

外国人との区別がなかったフランス人

一八世紀のフランスには、外国人とフランス人の間に明確な区別がなかった。多くの国が地続きでひしめき合うヨーロッパ大陸では、そもそも異民族や外国人が比較的身近な存在なのである。特に、フランスの場合――ドイツのゲルマン民族とは異なり――国民を構成する単一の人種や民族が存在せず、異民族が外国人だという感覚が薄いという事情もあった。[*51] 要するに、自分たちと他者とを区別する明確な態度が育ちにくかったのである。

一七八九年に始まるフランス革命の際も、こうした考え方の下、新たに成立したフランス共和国は、外国人に対しても基本的にフランス人と同様の権利を認めていた。一七九一年に制定された憲法を見ても、フランスで生まれてフランスに暮らす者はフランス人だとされていたし、外国人でもフランス国内に五年以上定住していればフランスの市民権（citoyenneté française）が与えられるとされていた。さらに、一七九三年に制定された憲法（ジャコバン憲法）では、市民権付与の条件である定住期間が最低一年間に短縮されたのである。一方、一

＊51…アジアの東端に暮らす人間から見れば、ヨーロッパ系民族は全て十把一絡げに白人だということになるのだろうが、ヨーロッパ人の側は、それほど単純な認識を持っていない。そのことは、逆を考えれば分かり易いだろう。ヨーロッパの人々にとっては、日本人もタイ人もフィリピン人も似たような民族であり、十把一絡げにアジア人なのだ。だが、日本人から見れば、自分たちとフィリピン人は異民族に見えるだろう。同様に、ヨーロッパ人にとっては、南欧系の人々と北欧系の人々と東欧系の人々は、かなり異なった民族なのである。そうした中で、フランスの場合、自国民を特徴づける民族性が存在しないのだ。だからこそ、国民国家の形成に当たっても、生物学的な特性ではなく、言語や文化の共有が重視されたのである。

七九二年九月に実施された国民公会議員選挙では、フランス人でも一年以上の定住が投票権付与の条件だったので——定住期間の多少の長短はあれ——結局のところフランス人と外国人との間に大きな違いはなかったということになろう。[*52]

だが、革命後の対外戦争が、この態度を少しずつ変えてゆくことになる。フランス革命の直後、周辺国の君主たちは、その影響が自国に及ぶことを恐れた。国王を処刑して共和国を作るような動きが自国に入り込んだのでは堪らないというわけである。かくして、オーストリア、プロシア、イギリスはフランスの共和国政府と対立し、やがて戦争が勃発してしまう。まず一七九二年四月にオーストリアとの間で始まった戦闘は、断続的にではあるが、徐々に拡大してゆくことになる。こうした中、自分たちが築いた共和国の一員として外国人と戦うという経験が、自国民と外国人とを区別する感覚をフランス人の中に持ち込んだのである。

さらに、戦争中の一七九三年に徴兵制が導入されたことも、自国民と敵国人の区別を明確化する契機となった。また、この頃から、政府も外国人の管理や統制に力を入れてゆく。とりわけ、革命以後に交戦国からやってきた外国人に対しては、非常に厳しい目が注がれることになったのである。ナショナリズム的な動きもまた、民族や宗教に根を持つのではなく、歴史の中で形成されるのだ。ただし、この時点では、まだ固有の意味での移民問題は発生していなかった。いわゆる移民労働者が押し寄せるのは、もう少し後のことである。

反外国人感情が芽生えた時期

フランスに最初の移民の波が押し寄せたのは、一九世紀の半ばのことであった。これは、ナポレオン三世（ルイ・ナポレオン）が大統領や皇帝であった時代と、かなり重なる。この時代、産業革命の進行にもかかわらず、農民が土地を追われることの少なかったフランスでは、単純労働者の不足が深刻化していた。

その結果、イタリア人とベルギー人を中心に、スペイン人、ドイツ人、スイス人などが、移民労働者として大量に迎え入れられることになったのである。実際、一八五一年には三八万人であった外国人は、一八八一年には一〇〇万人を突破（総人口の約二・六％）したのだ。なお、一八九一年のデータでは、フランスに暮らす外国人は約一一三万人で、その約三分の一はフランス生まれであった。

＊52…国民公会は、「Convention nationale」のことである。なお、一七九二年の選挙は——やや不完全ながら——世界で初めての男子普通選挙だと言われている。具体的には、一年以上定住している二一歳以上の男子で、救貧扶助の対象や家僕ではない者（自分で稼ぐ者）に投票権が与えられていた。ただし、間接投票制であった。また、被選挙権は二五歳以上であった。

フランスに最初の移民の波が押し寄せた時期は、同時に、フランスで最初の反外国人感情が芽生えた時期でもある。フランス北部に位置し、ベルギーに隣接するノール県（北県）のルベ（Roubaix）は、産業革命以後、羊毛産業が大いに栄え、「フランスのマンチェスター」あるいは「千本煙突の都市」などと呼ばれていた。そこでは、急速に拡大する労働力需要に応えるため、ベルギー人の労働者を多く受け入れていた。一八五〇年の統計では、何と全人口の半分以上がベルギー人であったということである。

こうした中、一八四七年から翌年にかけて、西洋諸国は経済恐慌に見舞われた。すると、ほぼ同時に、ルベを中心とする北部地方では、反ベルギー人暴動が多発することになるのである。低賃金で働く貧しい移民労働者たちは、蔑視の対象であったと同時に、自分たちの職を奪い、賃金水準を低下させる元凶だと見なされたのだ。当時の暴動は、文化的な葛藤や宗教的な対立に起因していたわけではない。しかも、フランスと隣接するベルギー南部は基本的にフランス語圏であり、言語も共有されていたのである。それでも、外国人に対する反発が暴力という形にまで発展したのだ。

非宗教性・政教分離が原則の国

似たような事態は、その後もフランス各地で繰り返し起こるようになる。特に、普仏戦争後に始まる――正式には一八七五年から――第三共和制が国内統合と国民統一を強力に押し進めるようになってからは、国民意識の高まりと比例するように、反外国人感情も広がってゆく。[*53] そうした中、一八九三年八月に南仏のエグモルト（Aigues-Mortes）で起きた反イタリア人暴動（Le massacre des Italiens）は、一七人もの死者を出す事態にまで至ってしまう。[*54] この事件の場合、直接的な原因は製塩労働者の雇用や賃金に関する問題であったが、背景には別の事情もあった。カトリック信仰の強いイタリア人は、非宗教性（laïcité）を旨とする共和国精神に反するとして、しばしば敵意の対象になったのである。実際、当時のフランス人たちは、イタリア人移民のことを「Christos（キリスト屋）」と揶揄していたのだ。

＊53…第三共和制の開始時期は、臨時政府が共和制を宣言した一八七〇年とされる場合や、チエールが大統領に就いた一八七一年とされる場合などがあるが、第三共和制憲法が成立したのは一八七五年であり、ここから正式な体制が整ったと言えよう。ただし、帝政が終わったという点に着目すれば、一八七〇年から共和制が始まったということになる。

＊54…エグモルトには、犠牲者を追悼する慰霊碑が建てられている。また、エグモルト市観光局によると、事件当時の公式発表では死者七人、負傷者五〇人とされていたが、実際の死者は一七人、負傷者は一五〇人だということである。

日本では、フランスがキリスト教の国だという印象も強いが、事実は少し違う。なるほど、形式的な統計では、フランス人の六四％（二〇一〇年）はキリスト教カトリック信者だということになる。しかしながら、日曜日毎にミサに参加しているフランス人は、四・五％（二〇〇九年）に過ぎない。はっきり言えば――アメリカ人とは対照的に――あまり宗教熱心な国民ではないのだ。しかも、フランスの国家的な原則は「ライシテ：laïcité＝非宗教性・政教分離」であり、公の場に宗教を持ち込むことは厳禁とされている。例えば、公立学校の生徒が首から十字架のペンダントを下げて登校することは絶対に許されないし、大統領が聖書に手を置いて宣誓するなど、あまりにも論外で想像すらできない。

フランスで女性参政権の導入が遅れたのも、ライシテの確保が危惧されたことに起因する。フランスは、男子普通選挙に関しては先駆的な存在であったが、そこで両性平等の普通選挙が認められたのは、ようやく一九四四年――実際の選挙は翌年――のことであった。ヴァイマル憲法下のドイツでは一九一九年に世界初の完全普通選挙が行われ、イギリスでも一九二八年に女性参政権が認められていたのに比べて、フランスは非常に遅れていたのだ。かつてのフランスにおいて、教会の礼拝に出席していたのは、圧倒的に女性が多かったからである。そうした状況で女性に参政権を与えてしまえば、教会の聖職者の影響力が大きくなってしまうと懸念されたのだ。端的に言えば、敬虔な女性は神父さんの言う通りに投票すると思われていたのである。この例を見ても、フランスでは公的な領域から宗教を排除しようという原則が非常に強固であることが理解できよう。

ライシテの起源はフランス革命に

こうした原則が法的に貫徹されたのは一九〇五年であるが、その起源はフランス革命期にまで遡る。フランス革命は、反絶対王政であったと同時に、反宗教権力でもあった。王権を支えていたのは、カトリック教会だったからである。とは言え、公の場に持ち込んではならないのは、もちろんキリスト教だけではない。ライシテは非宗教性であって、イスラム教にもユダヤ教にも仏教にも適用される。したがって、イスラム教徒の女生徒が公立学校に宗教的な頭巾（ヒジャブなどのフラール類）を被って登校することは、十字架と同様に厳禁なのである。ただし、ライシテの原則は、信教の自由を否定するものではない。宗教そのものが敵視されているのではなく、公の場に宗教を持ち込むことが禁止されているのだ。一八九三年にエグモルトで起きた反イタリア人暴動もまた、キリスト教そのものに対する敵意によるものではない。信仰熱心なイタリア人移民がライシテの原則を尊重しなかったことが、フランス人たちの嫌悪を誘ったのである。

ともあれ、移民流入の第二波は、両大戦間にやって来た。第一次世界大戦で約一五〇万人もの犠牲者を出したフランスは、工業部門や農業部門を中心に、再び深刻な労働力不足に直面したのである。特に、一九二一年から二六年にかけては、毎年約二二万五〇〇〇人の外国人がフランスに流入していた。その結果、一九三一年には、外国人の数が二七〇万人（総人口の約六・五八%）にまで増加したのである。当時のフランスは、人口比で見れば、世界一の移民受け入れ国であった。なお、出身国別に見た内訳は、イタリア人、ポーランド人、スペイン人の順である。労働力が不足すれば、かつては疎まれたイタリア人も歓迎されるという次第なのだ。当時のフランスは、移民労働者を確保するため、帰化条件を緩和した他、一定年数以上の定住者には福祉制度の受給権を与えるなど、さまざまな方策を講じていた。

大量失業により移民の国外追放が始まる

だが、一九二九年の世界大恐慌以後、再び事態は一変する。労働力不足どころか、大量失業が深刻化したからである。その結果、一九三四年以後、新規移民に対する就労許可証の発給が停止され、一九三五年には、失業移民の国外追放が始まった。外国人の受け入れ政策が極めて選別的なものとなり、外国人の人口もまた減少に転じる。こうした中、自分たちの雇用を奪うという理由で、反外国人感情も再燃し始める。一九三〇年代は、フランスに住む移民たちにとって、非常に辛い時代であった。とりわけ、イタリア人、ベルギー人、ポーランド人など、今日ではフランス人に近い存在だと見なされている人々が、反外国人感情の最大のターゲットにされていたのである。

このような状況は、形を変えながらも、第二次世界大戦の終了まで続くことになる。フランスの大半を支配したナチス・ドイツはもちろん、その傀儡《かいらい》である南部ヴィシー政権もまた、外国人に対する厳しい統制を行ったからである。その結果、一九三六年には二二〇万人を数えていた外国人は、一九四五年には、一四〇万人にまで減少してしまう。いずれにせよ、移民との関係において、宗教や文化などは事後的かつ二の次の問題なのだ。たしかに、文化や宗教の面での摩擦に火が付くことも多い。だが、それは利害対立の結果であって、その原因ではない。少なくとも、主因ではない。そのことは、第二次世界大戦後も変わることはない。どこから何教徒が来ようとも、大筋では同じような展開を辿るのである。

第七章　移民をめぐる状況

第二次大戦後、再び移民の流入が

第二次世界大戦後、一九四五年から一九七四年にかけて、他の多くの先進国と同様、フランスもまた、戦後復興と経済発展の時代を迎える。[*55] 当然のことながら、労働力不足が顕著になり、移民に対する需要も再び増大した。特に、一九五四年から一九七四年の高度経済成長期には、約二〇年の間に、一七〇万人もの移民がフランスに流入したのである。

この時期にフランスに流入した新規移民は、主としてマグレブ諸国（アルジェリア、チュニジア、モロッコ）とイベリア半島（ポルトガル、スペイン）から来た人々であった。アルジェリ

*55…フランスでは、第二次世界大戦後の経済成長期が「Trente Glorieuses」と呼ばれている。その初期は、一九四七年――具体的な実施は翌年から――に始まるアメリカの「マーシャルプラン（ヨーロッパ経済復興援助計画）」の恩恵を受けていた。西ヨーロッパ諸国の共産主義化を懸念していたアメリカが、イギリス、フランス、イタリア、西ドイツ、オランダなどに経済援助を行ったのである。

ア、チュニジア、モロッコは長くフランスの支配下に置かれていたため、宗主国への移民も多かったのだ。とりわけ、アルジェリアからの移民は急増した。アルジェリアは一九六二年まで正式なフランス領であったため、そこに住む人々は、フランス人として自由に本土と往来することが出来たからである。さらに一九四六年憲法下のアルジェリアは、形式的には植民地（保護領）ではなく海外県（DOM：départements d'outre-mer）だという位置づけであったため、そこに住む人々はフランスの市民権を保持していた。[*56] なので、当時のアルジェリアの人々は、外国人として扱われておらず、移民局の統制下にも置かれていなかったのである。

そうである以上、独立以前のアルジェリアからフランスに渡った人々は、厳密な意味での移民ではなかった。移民の場合は、移民局（ONI：Office National de l'immigration）の統制の下に受け入れられるのだが、アルジェリアの人々は、受け入れ枠も何もなく自由にフランス本土へ移住していたのだ。そのため、当時の人口統計は、アルジェリアの出身者を外国人の中に算入していなかった。一九四九年から一九五五年にかけて、約一六万人の外国人とは別に、約一八万人（推計）のアルジェリア出身者がフランス本土に移り住んだとされているのである。

ともあれ、戦後経済成長期に流入した新規移民たちは、少なくとも受け入れ側の前提では、一時的な出稼ぎ労働者だと見なされていた。移民たちの側もまた、永住に対する明確な意図を持っていたとは言い難かった。実際、新規移民の大半は、単身で現金を稼ぎにやって来る男たちだったのである。その結果、移民たちのほとんどは、目先のカネを稼ぐため、低賃金の単純労働に従事し、仮住まいのような生活をしていた。大都市郊外の工場地帯には、移民労働者たちが住むスラム街が形成されたのである。そして、この頃から、すでにさまざまな摩擦が生じていた。だが、イスラム教が摩擦の原因であったとは言い難い。

移民供給先を巡る事態の変化

この渦中、一九五四年にフランスとアルジェリアとの間で独立戦争が始まると、移民を巡る事態も変化を余儀なくされた。フランス政府は、アルジェリアからの移民を制限しようとしたのである。それ自体は大した実効性がなかったのだが、以前にも増して労働力需要が高まる中、戦争を契機に、アルジェリア以外からの移民を求める動きが活発化していったのだ。

＊56…アルジェリア全体が一つの県であったわけではない。一九六二年の独立時、アルジェリアには一三の県（海外県）が存在していた。なお、チュニジアとモロッコは、独立までフランスの保護領とされていた。また、市民権を与えられていたのは、元来からのアルジェリア人、大雑把に言えばイスラム教徒のアルジェリア人のみであり、後に流入したユダヤ系住民は除かれていた。

その際、最初に目が付けられたのは、スペインとポルトガルであった。当時、スペインはフランコ将軍の独裁体制下にあり、ポルトガルもまた、サラザール独裁政権下に置かれていた。端的に言ってしまえば、この両国から脱出を望む人々を当て込んだのである。しかしながら、一応の協定は結ばれたものの、この両国から移民として出国するのは少しばかり難しかった。とりわけ、ポルトガル政府は、なかなか出国移住を認めなかったのだ。そこで、半ば公認の脱法行為が横行するようになる。観光客の形でフランスに入国し、不法就労を続けながら、事後的に滞在許可を受けるのだ。当時は、そんなことが公然と行われていたのである。フランス政府もまた、ほとんど共犯だったと言えるだろう。

次に期待されたのは、旧植民地から独立したばかりのモロッコとチュニジアである。とりわけ、モロッコには求人業者が派遣され、積極的な移民の呼び込みが行われた。ただし、実際には、アルジェリアからの移民が減ったわけではない。むしろ、混乱から逃れるため、既にフランスに移民している家族の元に身を寄せようとする者が出て来てしまったからである。特に、アルジェリア戦争の終戦直後は、その数が急増した。

ともあれ、一九七五年の時点で、フランスには三四四万二〇〇〇人（総人口の約六・五％）の外国人が暮らしていた。最も多かったのはポルトガル人で、その数は七五万九〇〇〇人、その次がアルジェリア人で、七一万一〇〇〇人である。[*57] さらに、モロッコ人の数も二六万人に上り、チュニジア人も一八万人以上を数えた。アルジェリア人、モロッコ人、チュニジア人を合わせれば、一〇〇万人を大きく超えるのである。この数を見れば明らかなように、当初は出稼ぎのつもりであったマグレブ系移民の多くは、結局のところ、故郷に帰らなかったということになろう。

フランス移民問題の直接的起源

移民たちの多くは、戦争や経済危機に翻弄され、何年経っても故国に帰る日を迎えることはなかった。いつの間にかフランスに溶け込んでしまったからではない。いつか帰るつもりだから、フランスに同化する必要もないという状態のまま、ただ年月だけが流れたのである。その間に、一九五六年にチュニジアとモロッコが独立し、一九六二年にはアルジェリアも独立していた。つまり、完全な外国になったのである。となると、アルジェリア人もまた、外国人だという扱いになってしまう。

何にせよ、今日のフランスにおける移民問題の直接的な起源が、高度経済成長期に流入し

＊57…イタリア人も四六万三〇〇〇人を数えたが、その大半は高度経済成長期の新規流入に起因するものではない。

た大量のマグレブ系移民であることは間違いない。そして、その中で最も多いのはアルジェリアの出身者たちなのである。もちろん、ほとんどがイスラム教徒だ。そして、高度経済成長が終わりを告げ、労働力不足どころか、逆に失業が深刻化して来ると、戦後のマグレブ系移民たちは、かつてのイタリア人移民と同じ運命を辿ってしまう。イスラム教徒であれキリスト教徒であれ、そこに何の違いもない。

なお、戦後のポルトガル系移民の場合、初期にはマグレブ系移民と同じような状況にあったが、当初から永住や長期滞在志向が比較的強く、徐々に不安定な生活から抜け出し、フランス社会の一員として同化していった。マグレブ諸国からの移民が一時的な出稼ぎ目的であったのに対して、ポルトガル人たちの多くは、そもそも母国からの脱出を考えていたからである。ポルトガルで「エスタド・ノヴォ（新国家）」という独裁体制が終わったのは、ようやく一九七四年のことであった。*58

国籍に関するヨーロッパ型の考え方

ここで、少し注意が必要だ。そもそも、国籍に関する考え方が、日本とフランスでは大きく異なるからである。日本では、フランスが原則として血統主義だと言われることもあるが、その認識は必ずしも正確ではない。少なくともフランスの常識では、フランスで生まれ育った者は誰であれフランス人だという感覚が共有されている。実際、両親が不法移民であれ国際指名手配の外国人であれ何であれ、本人がフランスで生まれて一八歳までフランスで育った場合、自動的にフランス国籍が付与されることになっている。あるいは、本人がフランスで生まれ、五年以上フランスで暮らした場合、一八歳を待たずに自ら国籍取得を申請することも可能である。

たしかに、近隣諸国と地続きで、相互に人の移動も多いヨーロッパにおいて機械的な出生地主義を採用することは問題も多い。したがって、フランスもまた、血統主義的な国籍取得条件を完全に放棄しているわけではない。それでも、フランス生まれのフランス定住者は――本人が拒否しない限り――フランス国籍を与えられるというのが普通なのである。

個人主義の原則――全ての人間は個人として尊重される――に立つ限り、これは極めて当然のことであろう。同じ日に同じ土地で生まれた二人の人間は、たとえ親が誰であれ、同等の個人として扱うというのが原則なのだ。先祖や親が誰なのかによって人を差別することは、断じて認められないからである。そんなことを許せば、生得的な身分制度さえ許容されてし

＊58…カーネーション革命と呼ばれるクーデターによる。

まうだろう。生物学的な親と子は、あくまでも別の個人なのである。端的に言えば、生物学的な血統の重要性など、あまり信じられていないのだ。

また、帰化してフランス国籍を取得した者は、あくまでもフランス人なのであって、元の血筋が何かなどは問題にされない。例を挙げよう。二〇一四年にフランスの首相に就任したマニュエル・バルスは、成人後にフランス国籍を取得したのだが、カタルーニャ系スペイン人としてバルセロナでスペイン国籍のもとに生まれた人物である。あるいは、同じく二〇一四年にパリ市長に就任したアンヌ・イダルゴ（女性）は、スペインのアンダルシア自治州でスペイン人の両親の元にスペイン人として生まれたのであるが、時のフランコ政権に反発してリヨンに逃れた両親に連れられてフランスに渡り、一四歳の時にフランス国籍を取得した人物である。その後、二〇〇三年にスペイン国籍を再取得して二重国籍になるのであるが、フランス国籍を持っている以上、パリ市長になるのに何の支障もない。

さらに言えば、二〇〇七年にフランスの大統領に就任したニコラ・サルコジの父親はハンガリー人で、母親はフランス国籍だがギリシャ系のユダヤ人である。そのサルコジ政権下で司法相を務めたラシッダ・ダチ（女性）の父親はモロッコ移民、母親はアルジェリア移民なのである。フランスの場合、そんなことは特に大きな話題にするような事柄ではない。先に述べたように、フランスの場合、国民を構成する単一の人種や民族が存在せず、異民族が外国人だという感覚が薄いのである。

移民問題を人種問題と混同してはならない

フランスの人口統計にしても、各個人の国籍と出生地しか把握しておらず、人種や民族や親の出身国などに基づくデータは存在しない。アメリカなどとは違い、フランスでは、人種が注目されることはむしろ稀なのである。当然のことながら、フランス人の何%が白人で何%が黒人なのかなど、正確なことは誰にも分からない。人間を肌の色で分類する統計など、日本を含めた多くの国と同様、どこにも存在しないからである。なので、フランスの移民問題を、人種問題と混同してはならない。

辞書的な定義に従えば、移民とは、自分が生まれ育った国を出て、長期に亘って他国に居住する人間のことだということになろう。だが、外国生まれの移住者であっても、入国後に帰化し、フランス国籍を持つ者が多くいる反面、フランスで生まれ育ち、一度も移住を経験していない者であっても、移民である両親の国籍をそのまま保持し、外国人としてフランスで暮らす者も少なくないのだ。したがって、移民が必然的に外国人であるわけではないし、外国人が必ずしも移民であるわけでもない。外国生まれの移民でも帰化した者もいるし、親の外国籍を引き継いだだけでフランスから一歩も出たこともない外国人も存在するのである。

とは言え、現実として、高度成長期に流入した移民の二世や三世は、ほぼ全員がフランス生まれのフランス人である。[*59] 要するに、外国から渡って来た移民でもなければ、フランス国籍を持たない外国人でもないのだ。しかしながら、大都市郊外の団地に住み、アルジェリア人の両親を持つ若い失業者は、たとえ本人がフランス生まれのフランス人であっても、しばしば移民問題の当事者だと位置づけられてしまう。フランスでフランス人として生まれた個人であるにもかかわらず、他のフランス人と同一の存在ではなく、「移民系のフランス人」という奇妙な立場——法的には存在しない立場——に置かれてしまうのである。この点こそが、問題の本質なのだ。

「移民系フランス人」という非公式な存在

もちろん、この問題の背後には、言語や文化の問題がある。いわゆる「移民系のフランス人」という眼差しを注がれる人々は、たとえ生まれながらのフランス人であっても、自国の社会に同化していないと見なされているのだ。ただし、この点に関しては、世間の事実誤認も少なくない。実際には、ポピュリズム勢力による排外煽動に起因する部分も多いのだ。それでも、二一世紀におけるテロ事件の関係者の一定部分が、外国人でも移民でもなく、こうした人々の中から生み出されていることは事実である。その主因は、宗教や人種にあるのではない。むしろ、「移民系のフランス人」という奇妙かつ非公式な立場の存在が問題なのである。当然のことながら、その数は、在仏外国人の中に算入されていない。つまり、移民問題の当事者と見なされている人々は、外国人の数よりもずっと多いということなのである。なぜ、そうなってしまったのか。

高度成長期における移民の大量流入は、大都市郊外に移民の集住地区を生み出した。当初はスラムだった移民集住地区は、後に公営のHLM（低所得者向団地）へと改良されたとはいえ、二一世紀に入っても存続している。大都市の郊外に、移民や「移民系フランス人」ばかりが集住する地区が出来てしまったのだ。フランスの場合、かなり古くから、人種や出身国や社会階層ごとの住み分けが起こらないよう政策的に配慮している。実際、アメリカとは違い、フランスには白人街も黒人街も存在しない。あるいは、公営団地に低所得者層ばかりが集住しないよう、その一部を分譲住宅として販売することも行われている。

しかし、高度経済成長期には、大都市の慢性的住宅不足という現実の中、大量の新規移民

*59…二〇一一年に出された報告によると、二世以降では九七%がフランス国籍、一世でも四人に一人はフランス国籍だということである（Rapport 2011 de l'Onzus - Novembre 2011）。

は郊外の新興団地に集住する他はなく、結果として移民地区が形成されてしまったのだ。そもそも、大都市郊外は、新しい工場が次々と建設された場所でもあり、新たな労働力人口を受け入れるのに最も適した地域だったのである。移民労働者が増えようとも、その集住地区が形成されようとも、経済が好調な時期には、大した問題は起きなかった。もちろん、どうせ帰国する出稼ぎ労働者が一時的に集まっただけだという認識も強かった。しかし、目先の経済を優先した政策は、後に大きなツケを残すことになるのである。

第一次石油危機がもたらした雇用不足

一九七三年一〇月の第一次石油危機を契機に、フランス経済もまた、低成長時代に入り込む。一九六〇年頃には約一%、一九七〇年でも約二・五%だった失業率が、一九七四年から約四半世紀に亘り、ほぼ一貫して上昇するのだ。それは、一九七五年には約三・五%になり、一九七七年には四%を超え、一九七九年には五%を突破し、一九八三年には約七・二%、一九八四年には約八・五%、一九八五年には約九・〇%、そして一九九三年から一九九九年にかけては七年連続で二桁を記録することになる。この渦中、早くも一九七六年には、失業者数が一〇〇万人を突破していたのだ。[*60] 第一次石油危機を契機に、労働力不足が、雇用不足へと一転したのである。こうなると、移民労働者は、逆に邪魔な存在となってしまう。イスラム教徒だから邪魔だったわけではない。同じような歴史が繰り返されただけなのだ。

第一次石油危機直後の一九七四年一月、フランス政府は、早々に新規移民の受け入れ停止を宣言した。さらに、移民の帰還を促すため、自ら帰国する者に一万フランの現金を支給する一方で、滞在許可証の更新を制限するという政策を実行してゆく。しかし、数は減ったとはいえ、それで移民の波が止まったわけではないし、一九七七年から八一年の間に帰国したり送還されたりした外国人移民は、約九万四〇〇〇人に過ぎなかった。そもそも、ヨーロッパに移民を送り出している国々もまた、石油危機に伴う経済的な打撃を受けていた。しかも、それらの国々にとって、移民からの送金は大きな収入源だったのである。結局、当時のフランス政府の行ったことは、新規移民に対しては、滞在許可を出す代わりに不法移民の烙印を押し、何万人もの既存移民たちに対しては、滞在許可を更新する代わりに不法滞在者の烙印を押しただけなのである。

しかしながら、この間の一九七六年四月、人道的な見地から、家族移民に限り、新規移住

＊60…フランスの失業率は日本に比べて高いように見えるが、そもそも失業の定義が異なるので、数字だけを見て比較することは出来ない。それでも、フランスの失業率が上昇したことだけは事実である。

が公式に認められるようになった。[*61] 正式な滞在許可を持つ移民は、自分の家族を呼び寄せる権利を与えられたのである。これ以後、アルジェリア人とポルトガル人を中心に、移民の主流は女性と子どもになる。事実、一九八二年のデータでは、新規移民の三分の一が二〇歳未満だったとのことであった。この事態は、多くの移民たちが、家族のいる故国に帰ることではなく、フランスに家族を呼び寄せることを選択したということを示している。それまでは明確な永住意図を持っていなかったマグレブ系移民たちが、本格的な移住を決意し始めたのだ。これは、移民問題が、雇用や賃金といった枠を超え出たことを意味する。教育を始め、生活のあらゆる場面に移民や移民系住民が登場することになるからである。

差別や偏見の問題と片付けてよいのか

こうした潮流の中、一九八一年に始まる社会党ミッテラン左派政権は、移民たちの帰国促進や帰還強制ではなく、その同化と合法化へと政策を転換する。具体的には、一九八一年から のわずか三年間に、一三万人もの不法滞在者に対して正規の滞在資格が与えられ、一九八四年には、外国人移民の身分安定のため、一〇年間有効の滞在許可制度が創設されたのだ。だが、低成長や高失業率といった状況が改善していない以上、余剰労働力だと見なされる移民たちの存在は、それが合法的なものになったとしても、依然として社会問題の対象であり続けることになる。

その原因を、差別や偏見だといった用語で短絡的に片付けてしまってはならない。たとえ差別や偏見が芽生えたとしても、それは結果だと考えた方が妥当であろう。むしろ、いつかは消えるはずだった移民集住地区が永続し、出稼ぎのつもりだった者たちが——ほとんど何の準備もないまま——そこに永住することになってしまったことが問題なのである。差別があったから特異な移民集住地区が生まれたのではない。差別されたからフランス社会に溶け込めなかったのでもない。むしろ、あらゆることが反対方向に展開してしまったのである。

高度成長期に流入した移民労働者のほとんどは、当然のことながら、経済的に貧しい国々の出身であった。また、これまた容易に想像がつくとおり、母国で高い教育を受けたわけでもなく、移民先では言葉の障壁にも直面していたので、どうしても収入の低い単純労働しか職を見つけることができなかった。さらに、どうせ祖国に帰るつもりだったので、フランス語を覚えることもなく、フランス社会に溶け込もうともしなかった。移民集住地区に暮らし

*61…一九五三年に発効した「欧州人権規約（人権と基本的自由の保護のための条約）」は家族生活の尊重を権利として定めており（droit au respect de la vie privée et familiale）、これに照らすと、家族が共に暮らすこともまた、当然の権利だということになる。

て出稼ぎ収入を稼ぐことに専念していれば、それでも暮らしてゆけたのだ。このような人々が、石油危機以後、自分の家族を呼び寄せ始めたのである。しかも、そうした家族が、特定の地区ばかりに集中したのだ。一種の社会的不適応の連鎖は、この時から始まっていたのだと言えよう。この連鎖の中で、移民の二世や三世は、フランス生まれでフランス国籍であるにもかかわらず、「移民系のフランス人」という、本来なら存在しないはずの範疇に入れられてしまうのである。

低学歴・無資格の若者の大量発生

移民の子どもたちは——二世であれ幼い頃に家族と渡仏した者であれ——学校教育において不利であった。経済的に恵まれない点はもちろん、文化的にも不利だったのだ。アラビア語が飛び交う地域の中で、アラビア語を話す家族の中で育つ者が多かったからである。しかも、移民家族は、概して子どもの数が多かった上、その教育には力を入れなかった。どうせ低収入の仕事しかないのなら、一家に働き手が多い方が有利だし、進学などせずに少しでも早く稼ぎに出た方が得策だという勘定になるからである。だが、こうした考え方も、つまずきの元となった。そもそも、単純労働者に対する需要が減少したことが、移民たちの立場を悪くした原因なのである。しかも、フランスは一種の資格社会で、学歴資格と職業的地位との関係が非常に強いのだ。

フランスの場合、単純労働を除き、ほとんどの職種で学歴資格が求められる。ただし、単に高学歴であれば良いというものではなく、当該職種に対応する資格が求められるのである。例えば、大学で学士号を取得しても、ケーキ職人にはなれない。職人としてケーキ屋に採用されるためにも、それに相応しい学歴資格（CAP Pâtisserie など）が必要なのだ。採用する側が、学歴資格に応じた雇用と待遇を義務づけられているからである。当然、必要な修学年数の多い資格ほど賃金は高い。ただし、学費は原則として無料である。

学歴資格は、いかなる教育経路を経たものであれ、全て公的に発行される。逆に言えば、民間資格は無効なのだ。企業側は、採用の際、まず公的に認定された能力を尊重しなければならない。能力を雇主側が一方的に判断することは、労働力の買い手がその対価を一方的に決めるのと同じだからである。ともあれ、全ての学歴資格や職業資格が公的に発行されるため、フランスでは、その種類が非常に多くなっている。高校卒業兼大学進学資格（バカロレア）以前に取得できる代表的な資格は、職業適性証書（ＣＡＰ）と職業教育修了証書（ＢＥＰ）なのであるが、ＢＥＰには約五〇種類、ＣＡＰに至っては約二五〇もの種類が存在するのである。[*62]

こうした事情なので、最短で取得できる資格で早く就職しようとすると賃金は低いし、ましてや何の資格も手にすることなく学校を離れてしまうと就職において非常に不利になる。そもそも、石油危機後の時代は、ただでさえ失業率が上昇していたのだ。そんな中で、移民の子どもたちは、学校において言語的にも文化的にも不利であり、親たちも教育に不熱心だった——そんな余裕もなかった——のだ。かくして、大都市郊外の移民集住地区は、低学歴や無資格の若者を大量に生み出し、低額所得者や失業者の多い場所と化してしまったのである。事実、パリ郊外やリヨン郊外の状況は深刻で、貧困層の割合も高い。もちろん、移民の子であれ、大都市郊外の低所得階層の出身であれ、高学歴を獲得し、社会的に成功した者たちはいくらでもいる。だが、そうでない者はもっと多いのである。

差別や偏見が生まれる悪循環

そうしたことが、結果的に偏見を生み出した事実は否定できない。たしかに、高失業率の直接的原因は、国籍や宗教に対する偏見ではなかった。しかしながら、現実として、移民集住地区は教育水準が低く、失業率が高く、貧困層が多いという評判が定着したのである。そして、そこに多く住んでいたのが、たまたまマグレブ系の出自を持つ者たちだったのだ。こうなると、差別や偏見が生まれて来る。実際、「大都市郊外の住所＋移民系の名前＝社会不適応」という固定観念が広まり、就職差別等の要因となっているのだ。中小零細の雇い主たちからすれば、なるべく厄介なことは避けたかったのであろう。その心情を責めるのは、いささか酷なような気がしてならない。それでも、こうした悪循環が、大都市郊外に住む移民系の若者たちの失業率を尚さら高めてしまったのである。

何が悪かったのか。どこで誰が何を間違えたのか。そんなことは分からない。お互いの非を攻撃し合ったところで、何の意味もないだろう。ただ、現実的な結果として、大都市郊外の移民集住地区は、社会の中に居場所のない「移民系のフランス人」という存在を生み出してしまったのだ。本来の意味での移民でもなければ、別に外国人であるわけでもなく、かといって普通のフランス人とは区別される人間だというわけである。そうした人々にとって、敢えてフランス社会に同化する意欲は湧きにくいだろう。紙の上での国籍や権利がどうであれ、自分たちを異質視するような社会など、拒絶したくなるような対象でありこそすれ、積

＊62…ただし、社会情勢に応じて資格の数や種類は変化する。なお、「ＣＡＰ」は「Certificat d'aptitude professionnelle」の略、「ＢＥＰ」は「Brevet d'études professionnelles」の略である。また、最初は「ＣＡＰ」や「ＢＥＰ」の資格で就職しても、実務経験等により「ＢＰ（Brevet professionnel）」を取得すれば、大学進学資格（バカロレア）と同等水準だと見なされる。

極的に尊重するような対象ではないのである。

事後的に考えれば、マグレブ系移民の子どもたちに対しては、早くから特別な教育的配慮を講じるべきだったのかもしれない。[*63]だが、皮肉にも、フランス流の平等主義が、それを許さなかったのだ。どんな地区で生まれ育った者であれ、宗教が何であれ、人種が何であれ、その親が何国人であれ何語を話しているのであれ、そんなことで個人を区別することは断じて認められないからである。となると、移民を親に持つ子だけを区別して、特別な措置を講じることは出来ない。法的にも社会通念上も、フランス人は全て同じくフランス人なのであって、〇〇系も××系もへったくれもない。それが理屈の上での大前提なのだが、社会的な現実としては、「移民系のフランス人」が存在してしまっているのだ。この矛盾は、矛先の定まらない不満の温床となった。あからさまな差別を受ければ反発することもできるが、それさえも出来ない閉塞状況である。

居場所がなかった若者たち

二〇〇五年秋に起きた暴動事件は、こうした不満の爆発という性格を持っていた。[*64]二〇〇五年の一〇月末から一一月中旬にかけて、パリ郊外を中心に、フランス各地で暴動が発生したのだ。この暴動は、一〇月二七日、パリ郊外のセーヌ・サンドゥニ県クリシーで、警察の職務質問を振り切ろうとした移民系の二少年が変電所へ逃げ込み、誤って感電死した事件がきっかけとなり、それに反発する若者たちが暴徒化したことに始まる。それが、フランス各地の移民集住地区に飛び火したのだ。暴動の参加者の大半は、大都市郊外に住む移民系家族の息子——基本的に若い男ばかり——たちであった。自らの意志でやって来た移民ではなく、自身はフランスで生まれ育ったか、もしくは家族に連れられて渡仏した子どもたちである。そうした者たちの居場所がなかったのだ。

ただし、この暴動は、日本で報じられたほど危険なものではなかった。実は、この暴動の最渦中、たまたま私はフランスにいたのだ。たしかに、車や公共施設が放火されたり、警官隊への激しい投石が頻発したことは事実である。しかしながら、暴動は市街中心部から離れ

＊63…たしかに、一九八〇年から、教育的に恵まれない地区に優先的な配慮を行う施策が始まった（zone d'éducation prioritaire）。しかし、これとて一種の苦肉の策なのだ。すなわち、「人間」を出自などで区別することは許されないので、特定の「地区」を優先対象としたというわけである。しかも、優先された地区が、逆に世間から教育困難地区の烙印を押されるという副作用を生んでしまった。

＊64…日本では、「二〇〇五年パリ郊外暴動事件」と呼ばれることが多いが、実際には「パリ郊外」に限らず、多くの大都市郊外に——一部はベルギーにまで——飛び火している。なお、フランス語では「Émeutes de 2005 dans les banlieues françaises」と呼ばれている。

た郊外の移民集住地区に集中していたし、そこでさえ人間を標的にした攻撃は起こっていないのである。[*65]暴動の参加者たちは、ただひたすら物を破壊して暴れたのだ。まさに、不満を叩き付ける相手が見つからない中、何かに激しく八つ当たりしているような状況であった。その結果、九〇〇〇台以上の車が燃やされるなど、物損被害の総額は約二億五〇〇〇万ユーロに上ったのである。まあ、八つ当たりしたくなる気持ちは分からないではないが、それを見て危機感を募らせる人々の気持ちも分からないではない。

＊65…暴動の犠牲となった一般市民は二人いたが、どちらも巻き添えという形であった。一人は、ゴミ箱に火を付けようとしていた若者たちに説教をしようとして逆に突き飛ばされ、そのはずみで命を落とした老人。もう一人は、放火された学校の火事を消そうとして窒息死した警備員であった。勇敢に火は消し止めたのだが、自らは命を落としてしまった。

第八章　どこにアイデンティティーを求めるか

自らのアイデンティティーを求めて

二〇〇五年に起きたパリ郊外の暴動といった事例にも現れているとおり、移民集住地区の若者たちの不満や閉塞感は、どこに向かってもおかしくないのだ。この点が、いわゆる〈イスラム教過激派〉に狙われることになった。早くも一九八〇年代から、そのような若者を洗脳するため、〈イスラム教過激派〉の指導者たちが、大都市郊外に送り込まれ始めたのである。ただし、ここでも結論を急いではならない。過激な思想に影響されるのは、当然のことながら、極めて少数だからである。それでも、イスラム教そのものは、フランス社会の中で少しずつ存在感を高めてゆく。普通に街を歩いていても、イスラム教の頭巾（ヒジャブなど）を被った女性が目立つようになるのである。

生まれた時から、あるいは子どもの頃からフランスに暮らす移民の二世や三世たちは、自らのアイデンティティーを探し求めねばならなかった。自らの意志で移民して来たわけでもないのにフランスで人生を過ごすことになった上、フランス人だか何なのだか分からないような立場に置かれていたからである。そうした自分探しの際、最も多くの者たちを惹き付けたのが、イスラム教だったのだ。すると、大都市郊外の移民集住地区は、少しずつイスラム教徒の共同体（コミュニティー）という性格を帯び始める。その結果として、低額所得者や失業者の多い困難地区が、不幸にもイスラム教地区と重なってしまうのである。*66

フランスの街角で頭巾を被ったイスラム教徒の女性が目立つようになったのは、単にイスラム教徒が増えたからではない。それ以上に、頭巾を被る人々が増えたのだ。かつては周囲のフランス人と同じような服装をしていた人々が、イスラム教色を出した格好をするようになったのである。もちろん、その背後には、イスラム教徒コミュニティーの同化圧力が存在する。しかし、それと同時に、自らのアイデンティティーをイスラム教に求めようとする移民系住民が増えたことも事実なのである。こうした発想は、実際には全く別だとしても、イスラム帝国の復活を目指す主張と混淆してしまっても不思議ではあるまい。表面的に見た場合、イスラム教徒が自分たちで自分たちだけの世界を作ろうとしている……ということになるからである。

アイデンティティー喪失の危機は同じ

自らのアイデンティティーをイスラム教に求めようとする動きは、ヨーロッパにやって来たイスラム教系の移民に限ったことではない。アルジェリアやモロッコで頭巾を被る女性が多くなったのも、実は一九九〇年代頃からなのである。誰もが被るようになったのは、世紀の敷居を跨ぐ頃からのことだ。それ以前は、頭巾を被っている女性の方が珍しかった。チュニジアでは、一九八七年に成立したベン・アリ政権が、公の場におけるヒジャブの着用を禁止していたほどなのだ。だが、世界史の波や経済のグローバル化に翻弄され続けたマグレブ諸国の人々もまた、イスラム教という自分たちの支柱を再認識し始めたのである。東西冷戦を機に支配層が進めた政治的なイスラム教重視とは異なり、一般の人々が自らイスラム教にアイデンティティーを求めるようになったのだ。

*66…ただし、自分探しの動きは、フランスの大都市郊外に住む移民系住民に限ったことではない。一九八〇年代に入り、国際的な交通手段や通信手段が急速に発達して来ると、その反動であるかのように、世界の各所で地域的アイデンティティーや民族的アイデンティティーを求める動きが起こるようになる。とりわけ、一九九〇年代にグローバル化が進展し、欧州統合の波が押し寄せると、そうした動きは——特にヨーロッパにおいて——活発化して来る。多くの人々が、グローバル化や欧州統合によって自分たちの独自性やアイデンティティーが失われると感じたからである。

もちろん、自分たちの文化に愛着を抱き、それが失われることを危惧するのは、イスラム教徒たちだけではない。アルジェリアやモロッコのベルベル人も同じだし、ヨーロッパの人々もまた同じなのだ。むしろ、グローバル化と欧州統合という二つの奔流に揺れるヨーロッパの人々の方が、自分たちの国民的アイデンティティーの存亡に敏感になっていると言えよう。イギリスのEU（欧州連合）からの離脱もまた、こうした趨勢の中で起こったのである。そして、ただでさえ国民的アイデンティティーの喪失が恐れられる中で、自分たちの国に移民系のイスラム教徒が増加するという事態に直面しているのだ。こうなると、移民の排斥を訴えるポピュリズム勢力が出て来ても不思議ではあるまい。それもまた、仕方ないでは済まされないにしても、ある意味で必然的なことなのである。少なくとも、誰を責めれば良いのか分からない。

多文化主義とは何か

こうした状況の中で、多文化の共生を模索すべきだという主張もあるだろう。しかしながら、言うは易し行うは難しなのだ。そもそも、多文化共生という用語自体が、日本独特の標語か金看板のようなものなのである。そのことを理解するために、またぞろ遠回りになるが、多文化主義について論じておこう。

実際に言語や文化や民族性を巡って激しい摩擦を経験して来た欧米諸国では、多文化共生ではなく、多文化主義（multiculturalism〔英〕／multiculturalisme〔仏〕）という用語が用いられている。見ての通り、「共生」という考え方は入っていないのだ。むしろ、多文化主義は共生の放棄だとさえ言えよう。事態は、それほど暢気なものではないのである。

多文化主義という表現は、一九七〇年代、まずはカナダとオーストラリアで用いられ始め、一九八〇年代にはアメリカでも多用されるようになった。厳然たる事実として、この三つの国は次の点を共有している。一つは、国家自体が移民による侵略と征服によって成立した点であり、もう一つは、制度的な人種差別の歴史を持つ点である。そして、三つ目は、旧大英帝国植民地の英語圏であるという点である。言い換えれば、多文化主義は、ヨーロッパの大陸諸国やアラブ諸国とは全く異なった土壌から生まれた考え方だということなのである。

ともあれ、カナダで多文化主義が芽生えた契機は、一九六〇年代にケベック州で自治や独立を求める動きが高まったことにある。ケベック州では、州人口の約八割を占めるフランス語系住民が、英語の壁によって――国家公務員になる機会など――様々な面で非常に不利な立場に置かれ続けて来た。言語的な少数派は、たとえ意図的な差別がなくとも、常に不利な立場に置かれるのだ。こうした中、一九六七年、後にケベック州首相になるルネ・レベックが「主権・連合運動（ＭＳＡ：Mouvement Souveraineté-Association）」を結成するなど、反英語や反連邦の機運が高まりを見せてゆく。[*67] つまり、敢えて極端に言えば、多文化主義の出発点は、反英語だったのである。

「共生」ではなく「別生」

そして、この渦中の一九六九年、カナダの連邦政府の側は、公用語法の制定を通じて、英語に加えてフランス語にも公用語としての地位を保障するという措置を取った。言うまでもなく、この政策は、明らかにケベック州の独立運動に対する懐柔措置であった。だが、この試みは予期せぬ副作用を生み出し、事態は混迷の度合いを深めてしまう。カナダの少数派は、フランス語系住民だけではないからである。特に、イヌイットに比べても抑圧的な状況に置かれ続けていた先住インデアンたちは、フランス語だけが公用語に格上げされることに強い不満を抱いたのだ。[*68] とは言え、インデアン系諸民族の言語は五〇以上もあり、それら全てを公用語化することなど不可能であることもまた、客観的な現実であった。これは、極めて重要な事実だ。すなわち、カナダ社会の中にあって、インデアン系諸民族の言語を母語とする人々が、英語やフランス語を母語とする人々と平等な立場になることなど、絶対に不可能だということだからである。

一方、カナダ連邦政府の側は、インデアンに対する差別撤廃策として、フランス語公用語化と同じ一九六九年、インデアン居留地の廃止を決定する。これは、一種の同化政策であった。この措置を通じて、インデアンにも完全な政治的、法的な権利を与えようとしたのである。しかし、インデアンたちの側は、居留地廃止に強い抵抗を示した。逆に、自分たちだけの地域で自分たちの言語や文化を守ることを要求したのである。理由は、明白だ。英仏系住民と同等の国民になることが不可能である以上、インデアンたちに残された道は、自分たちの文化や自分たちの土地、そして自分たちの自治を獲得することでしかあり得ないからで

＊67…「主権・連合」とは、ケベック州が政治主権を獲得した上で、ケベック州以外のカナダとの間で経済連合を実現するというものであった。カナダからの独立という用語は避けられていたが、レベックが最終的に目指していたのはケベックの独立であった。なお、一九八〇年に、この「主権・連合」に対する賛否を問う州民投票が行われたのだが、レベックら独立推進派の主張は棄却された。

＊68…イヌイット（Inuit）とは、いわゆるカナダ・エスキモーである。ただし、イヌイットの側はエスキモーという呼称を拒否している。また、カナダでは、一九四八年に黒人とアジア人に市民権が与えられ、一九五〇年には、それがイヌイットにも与えられた。これに対して、インデアン系諸民族が市民権を与えられたのは、ようやく一九六〇年（完全な政治的・法的な権利を得たのは一九六〇年代末）のことであった。しかしながら、「カナダ」という国名は、イロコイ族インデアンの言葉で「村や家」を意味する「Kanata」が語源である。

ある。実際、二一世紀に入ってさえ、カナダではインデアンの半数以上が居留地で暮らし続けているのだ。また、自らを「最初の国民（First Nations）」と呼び、敢えて英仏語系国民との差異化を図る人々も多く、一九八二年には「最初の国民会議（ＡＦＮ：Assembly of First Nations）」が立ち上げられた。

インデアンたちの選択は、まさに多文化主義的な発想に基づいている。そこで求められたのは、お題目のような「共生」ではなく、むしろ〝別生〟なのだ。紙の上での平等によって全体の一員にされてしまえば、言語的、文化的な少数派は不利になるに決まっているので、それよりも自分たちだけは別に生きるというわけである。実際、切り離されれば、差別もないだろう。出会わなければ、争うこともない。

カナダ連邦政府の側も、インデアンたちの選択を容認せざるを得なかった。かくして、カナダは多文化主義の国になってゆくわけであるが、その実相は、実現すべき理想として多文化主義を掲げたと言うよりも、御し難い現実を追認せざるを得なかったと言った方が正確であろう。そして、カナダにおけるインデアンたちの主張は、同じカナダのケベック州や、遠くオーストラリアにまで波紋を広げてゆくことになるのである。

多文化と共生は両立しないか？

一九七〇年代に入ると、ケベック州のフランス語系住民たちもまた、インデアンたちと同様の主張を展開し始めた。すなわち、形式的な英仏両語併存ではなく、自州の自治や独立を要求する動きが高まるのである。要するに、ケベック独自の「別生」が求められたのだと言えよう。かくして、ケベック州では、一九七四年には州独自の「公用語法」が、一九七六年には「フランス語憲章」が制定され、フランス語だけを州の公用語として認めただけではなく、英語の方は、その使用を厳しく制限するようになったのである（後に違憲判決を受け少し緩和された）。

そして、この二十数年後の一九九五年には、ケベック州のカナダからの独立を問う州民投票が実施されるに至った。結果は、賛成が四九・四二％、反対が五〇・五二％という僅差で否決されたのだが、その背後には、英語系住民に加え、インデアン系住民、イヌイット、および新来移民層が反対したという事情があった。つまり、フランス語系住民だけを見た場合、独立賛成派が多数を占めたということになろう。

いずれにせよ、一九七一年に世界で初めて多文化主義政策を導入したことで知られるカナダは——日本の総務省が言うように——「国籍や民族などの異なる人々が……地域社会の構成員として共に生きていくような、多文化共生の地域づくり」を実現したわけではない。[*69] むしろ、そこにあるのは、相互に分断された飛び地がモザイク状に併存するような状況なのである。このような形で言葉や文化の壁を築けば、争いが起こる危険性も減るだろう。それを肯定するということは、多文化と共生は両立しないと認めることなのである。

ちなみに、カナダと類似した状況は、同じく先住民差別の問題を抱えていたオーストラリアにも見られた。長く非白人排除政策（白豪主義）を続けていたオーストラリアが、ようやく一九六七年になって先住アボリジニに市民権を認め、一九七三年には、カナダと同様、多文化主義を表明することになったのである。[*70] そして、結果もまた、カナダと同様であった。すなわち、先住アボリジニの中には、公的補助を受けながらオーストラリア社会の中に混じって暮らしている人々も存在するが、二一世紀に入ってさえ、内陸部で自分たちだけの伝統生活を守り続けている者が多いのである。ここでも、多文化共生ならぬ、他文化別生——他の文化として別の場で生きる——が選ばれたのだ。

文化（culture）の意味が広がった

ここで、多文化主義の定義について、少し整理しておこう。その際、まず確認すべきは、

「国籍や民族などの異なる人々」との関係を考えるに当たって、なぜ「文化（カルチャー）」を軸にして論じられるのかという点である。多くの日本人は、「culture」という英単語の意味を「教養、文化」だと暗記させられたに違いない。これは、根本的な面では正しい。すなわち、元来の文化（カルチャー）は、教養の類に属するものであり、知識や芸術や歴史的遺産などを意味していたのである。

しかしながら、第二次世界大戦後、この語は、特定の人間集団の中で――後天的に――共有された言語や生活様式、さらには価値観や思考過程などを広く意味するようになった。簡単に言えば、文化（カルチャー）の意味が広がったのだ。その背後には、人種によって人間を区別するのは差別的だという認識の広がりがあった。つまり、各人間集団を、肌の色などではなく、それぞれが持つ「文化」によって区別するようになったのである。そして、当該

＊69…総務省『多文化共生の推進に関する研究会 報告書』二〇〇六年。

＊70…白豪主義（White Australia policy）とは、白人優先および非白人の排除を旨とした人種差別政策であるが、白人以外の移民を制限する形で特に強く現れた。形式的には、一九七五年に制定された「連邦人種差別禁止法」よって消滅したとされている。なお、こうした政策が導入されたのは、一九世紀の移民問題が契機であった。一八五一年に金鉱が発見されると、多くの中国人移民労働者がオーストラリアに流入したのだが、そうした人々が賃金低下の元凶だとみなされたのである。要するに、一八四七年にフランスのルベで起きた反ベルギー移民暴動と同じようなものなのだ。

社会で権威を与えられた知識や芸術だけが「文化」なのではなく、それぞれの人間集団の伝統や慣習もまた、一つの文化だとされるようになったのである。だが、そんなことをしても、少数派は少数派であり、多数派は多数派であることに何ら変わりはない。ただ単に、肌の色の違いによる人種の区別が、魔術的な婉曲語法によって、文化の違いによる「民族性（エスニシティー）」の多様性に置き換えられただけなのである。

多文化主義と文化多元主義

当然のことながら、単なる用語法の変更だけでは、具体的な成果は得られない。真の課題は——机上の理想だとしても——異なる文化を持つ人々が、「互いの文化的差異を認め合う」ことにある。その試みとして最初に誕生したのは、多文化主義ではなく、むしろ文化多元主義（cultural pluralism〔英〕／pluralisme culturel〔仏〕）であった。これは、あくまでも当該社会で共有されて来た既存の文化的枠組の内部で、他の文化の存在も認め、文化の多様性を尊重しようとする態度である。端的に言ってしまえば、強者の側、あるいは多数派側の理屈なのだ。文化多元主義は、多文化主義と同じではない。文化的多元主義は、あくまでも共通の土台——結局は強者や多数派の文化——を前提とする以上、根本的な次元で、一種の同化主義に属するからである。

例えばスペイン憲法の第三条は、日本でいうスペイン語である「カスティージャ語を国の公用スペイン語（El castellano es la lengua española oficial del Estado）」とする一方で、他の言語もまた、各自治州の憲章内容に従い、それぞれの自治州の公用語とすることを認めている。バスク語もまた、バスク州とナバーラ州北西部では公用語なのだ。ここで重要なのは、バスク語の位置づけが、非スペイン語ではなく、「他のスペイン語（las demás lenguas españolas）」の一つだという点である。要するに、母語とする者が人口の約一％しかいないバスク語もまた、一つの立派なスペイン語だという建前である。

こうしたスペインの方針は、文化多元主義の典型例であろう。一方でカスティージャ語に「国の公用スペイン語」という特権的な地位を与えた上で、他の言語に対しても、「スペイン人の話す言葉に非ず」といった見下した態度は取りませんというわけである。端的に言えば、文化多元主義は、少数派に属する個人や集団に対する偏見や差別を禁じる態度に他ならない。具体的には、カスティージャ語を話す人間が一段上で、バスク語を話す人間は一段下だといった態度は許さないということになろう。こうした考え方は、フランス流の「違っている権利（droit à la différence）」と通底している。すなわち、言語的少数者であれ性的少数者であれ宗教的少数者であれ出自的少数者であれ何であれ、フランス人はフランス人であって、そんなことに優劣はないという大原則と同様なのである。それはそれで、決して間違ってはいない。

だが、結局のところ、これでは多数派や強者側が中心的立場を占める状況は揺るがず、平等な共生関係は実現しない。共通の土台を構成する要素は、結局のところ、どうしたって多数派や強者の文化に占められてしまうからである。カナダの事例に照らしても、英語が中心的言語である限り、フランス語は、いくら形式的な公用語認定を受けようとも、実際には周縁的な弱小言語でしかないだろう。現に、首都オタワでは、フランス語など全くと言っていいほど通じないのだ。[*71] バスク語もまた、同様である。バスク語を話すからといってバカにされないにしても、国内で約一％の者しか母語としない言語は、進学の際も就職の際も現実的に不利なのだ。

だからこそ、カナダのケベック州は、あえて国内多数派の英語を排除し、フランス語〝のみ〟を公用語と定めたのである。これまた、別生の選択に他ならない。ちなみに、カナダで実際に英仏両語が公用語となっているのは、フランス語系住民が約三割を占めるニューブランズウィック州だけであり、その他の八州（準州を除く）は全て、逆に英語だけしか公用語として認めていない。この両語の分断的並立こそ、多文化主義に他ならない。多文化主義は、文化多元主義とは正反対に、共通の土台や共有された枠組を認めない。少数派や弱者側の文化は、中心と周縁という力関係を排除することによってしか守れないと考えるからである。[*72]

なお、多文化主義を最初に掲げたのはカナダであるが、その発想がアメリカの経験から影響を受けていたことは否定できない。南アフリカと同様、長い間に亘って極端な人種隔離政策を続けていたアメリカでは、一九五〇年代半ばから高揚した人種差別反対運動が、ようやく一九六四年の公民権法に結実した。[*73] しかし、形式的な立法措置だけでは、非常に根深い人種差別は解消されなかったのである。公民権法の成立後も、白人が多数派かつ支配的であるアメリカにおいて、黒人などの少数派は、現実として極めて従属的な地位に置かれ続けてしまったのだ。

＊71…これは、私自身の私的な経験による。ただし、ケベック州のフランス語系住民でも、日常会話くらいの英語は出来る。

＊72…ただし、一九七一年一〇月八日の下院におけるトルドー首相の声明では、「公式な文化は存在しない」という多文化主義的な発言があった一方、主張内容は文化多元主義的な色合いが濃く、まだ両者の区別が曖昧であったことがうかがわれる。

＊73…一九六四年公民権法（市民権法：Civil Rights Act of 1964）は、南北戦争後も州法などに残存していた人種や宗教、性別、出身国による差別を禁止する法律で、とりわけ、投票（有権者登録）、公衆用施設（宿泊、飲食、交通）、教育や雇用といった面での人種差別を禁止した。

少数者側の要求から生まれた多文化主義

こうした中、一九六〇年代末になると、黒人と白人とが同じアメリカ国民になることを求めるのではなく、一九六七年に誕生した黒豹党（ＢＰＰ：Black Panther Party）に代表されるように、黒人の側は黒人として白人と対抗しようとする勢力が台頭し始める。ただし、その先駆的存在は、一九六五年に暗殺されたマルコムＸであった。いずれにせよ、この種の運動は、広い意味で多文化主義に含まれると言えよう。キング牧師――一九六八年に暗殺された――が黒人と白人の融和や共生を訴えたのに対して、マルコムＸや黒豹党は、色の区別を消し去ることではなく、黒人は白人とは違う存在として、あくまでも黒人であることを求めたのである。[*74]

このような態度は、一九七〇年代以後のフェミニズム運動とも通底している。この時代のフェミニストたちは、形式的な両性平等ではなく、女性として、男性的な文化の支配に対抗しようとしたのである。実際、アメリカの多文化主義者には、フェミニストが多く含まれているのだ。しかしながら、アメリカの場合、多文化主義への抵抗も根強く、それが定着しているとは言い難い。有色人種への差別もまた根強く、解消したとは断じて言えない。宗教国家のアメリカでは、何が何でも自分たちの文化しか絶対に認めないキリスト教保守派の勢力が強いからである。その典型的な態度は、先述の「クリスチャン・シオニズム」にも見て取れよう。

いずれにせよ、多文化主義は、目指すべき理想として国家や社会の側から提案されたものではなく、むしろ少数派側からの要求として社会に突きつけられたものに他ならない。西ヨーロッパ諸国の場合も、基本的な状況は似たようなものであった。他の文化圏から渡って来た移民たちが、自分たちのコミュニティー（共同体）を作り、自分たちのアイデンティティーを積極的に主張し始めたからである。この傾向が強まると、移民を受け入れた側の国の人々は、逆に自分たちの文化的アイデンティティーが脅かされていると感じるようになってゆく。自分たちの街が、どこの国なのか分からないような風景を呈し出すのを目の当たりにすれば、そうした気持ちになるのも当然であろう。

＊74…キング牧師（Martin Luther King, Jr.）は、黒人と白人の平等を訴えた公民権運動の指導者で、マルコムX（Malcolm X／Malcolm Little）は黒人分離主義に立つ民族主義運動の指導者であった。マルコムXの主張は、多文化主義に属すると言えるだろう。

文化的多様性こそヨーロッパのアイデンティティー

だが、フランスもドイツもイギリスも、多文化主義的な要求を無下に拒否することはできなかった。文化的な多様性を尊重することこそ、ヨーロッパのアイデンティティーだからである。早くも一九五三年に発効した「欧州人権規約」の中で、言語や宗教に基づく差別は禁止されているのだ。[*75] さらに、一九九三年に発効した「マーストリヒト条約」では、「言語および文化の多様性」が謳われているし、パリに本部を置くユネスコ（国際連合教育科学文化機関）もまた、二〇〇五年に「文化的表現の多様性の保護及び促進に関する条約」を採択しているのである。[*76]

実際、ＥＵ（欧州連合）には、特定の公用語など存在しない。原則として、全ての加盟国の共通語あるいは公用語（のうちの少なくとも一つ）は、どれもＥＵの公用語なのだ。だからこそ、ＥＵの法令は、全ての公用語（二四言語）に翻訳されているのである。そもそも異なる言語や文化を持つ国々の連帯であるＥＵは、異文化や異言語の間の相互尊重という理念なしには成り立たないだろう。少し考えれば自明なように、特定の言語や文化が強者になるような世界は、対立や争いしか生まないのである。

しかしながら、「言語および文化の多様性」の尊重は、多文化主義とは根本的に異なるし、

EUやヨーロッパ諸国の側が多文化主義を掲げているわけではない。それでも、他文化に対する不寛容は、ヨーロッパ自身が掲げる原則に照らして許されない以上、多文化主義的な動きを拒絶できなかったのである。かくして、フランスでもドイツでもイギリスでも、移民や移民系の人々が自分たちの文化や宗教を積極的に主張することが容認されることになる。だが、こうした事態が困難な状況を招くことは、論理的な必然であろう。

そもそも、「言語および文化の多様性」の尊重は、グローバル化や欧州統合の波によって、各国や各地域の言語や文化が失われることに対する防波堤に他ならない。簡単に言えば、それぞれの国や地域が、文化的な侵略を受けることなく、自分たちの言語や文化を保持できる

＊75…欧州人権規約の正式名称は「人権と基本的自由の保護のための条約（Convention de sauvegarde des Droits de l'Homme et des Libertés fondamentales）」である。また、その第一四条は「差別の禁止」を謳っているのだが、その項目の中に、人種や性別などと並んで、言語や宗教が含まれているのである。

＊76…マーストリヒト条約の正式名称は「欧州連合に関する条約（Traité sur l'Union européenne）」であり、その第一二六条に「言語および文化の多様性（diversité culturelle et linguistique）」が記されている。また、ユネスコの「文化的表現の多様性の保護及び促進に関する条約（Convention sur la protection et la promotion de la diversité des expression culturelles）」は、二〇〇五年一〇月二〇日の第三三回ユネスコ総会で採択されたのだが、その際、ヨーロッパ諸国も含めた一四八ヵ国は賛成した一方、アメリカとイスラエルだけは反対した。

ようにするための方策なのだ。言語や文化の共有は、国民国家の根幹だからである。[*77] ところが、どの国にも自文化の維持を保障する目的で謳われた多様性の尊重が、逆説的にも、自国内に異文化が入って来ることを容認する根拠にもなってしまっているのだ。ただし、当初の時点で文化的侵略だと意識されていたのは、イスラム教よりも、むしろ英語やアメリカ流の商業主義文化であった。

問題の根本にある移民系住民の居場所のなさ

いずれにせよ、「言語および文化の多様性」の尊重によって自国の文化が脅かされるのでは、これほどの本末転倒もないであろう。ＥＵが掲げる文化的原則の本旨は、結局のところ、フランスにはフランス語とフランス文化を守る権利があるといったことなのである。もちろん、こうした原則は、多文化主義とは相容れない。国民を出自や所属などで一切区別しないという平等主義は、裏返せば、国民が出自や所属などに基づくコミュニティー（共同体）に分断されてはならないということだからである。[*78] 特に、「一にして不可分の共和国」を革命期からの伝統とするフランスは、「コミュニティー主義（communautarisme）」を非常に警戒する。[*79] だが、多文化主義は、一種のコミュニティー主義なのだ。だからこそ、フランスの中にイスラム教徒だけの共同体（コミュニティー）が形成されること自体、極めて矛盾に満ちた事態なのである。

もちろん、ヨーロッパ各地に形成されたイスラム教徒の共同体は、一人のカリフが統治するイスラム教徒共同体でもなければ、そこの住民がジハード（聖戦）を展開して領地拡大を図っているわけでもない。一人一人は普通の人間だし、当然のことながら所属国の統治を受け入れている。むしろ、自分が現に住んでいる国に留まりたいと望むからこそ、ほとんど誰も出てゆこうとしないのだ。しかしながら、イスラム教系移民の数が増え、しかも自分たちのアイデンティティーとしてイスラム教を前面に出し始めると、文化的な摩擦も増えてゆく。ただし、実際に具体的な問題にまで発展する事態は、非常に限られている。だが、それが報道されたり、ポピュリズム勢力の宣伝材料に使われたりすると、移民系住民による文化的侵

＊77…とりわけ、フランスの場合、国民国家の形成に当たって、人種といった生物学的な特性ではなく、言語や文化の共有が重視された。

＊78…オランダは例外的で、かなり多文化主義を採用している。すなわち、移民系住民と非移民系住民の分断と別生を容認しているということである。学校もまた、選択の自由の名の下、明らかに移民系と非移民系で別々になりつつある。

＊79…一七九三年憲法には「La République française est une et indivisible（フランス共和国は一つにして不可分）」と記されていたし、一九五八年憲法には「La France est une République indivisible（フランスは一つの不可分な共和国）」と記されている。

略が進んでいるという印象が掻き立てられるのだ。そうした中で、移民系住民の中からテロリストが出てきたとなると、ヨーロッパの人々が不安を感じるのも無理はないだろう。

それでも、問題の根本には、移民系住民の居場所のなさや貧困層の多さがあることを忘れてはならない。移民系住民は、そうした状況に置かれたからこそ、イスラム教の中に自らのアイデンティティーを強く求めていったのだ。こうした多文化主義的な動きは、移民系住民たちを、共生ではなく別生の方向へ向かわせざるを得ない。こうなると、イスラム教徒のコミュニティー（共同体）に暮らす人々は、周囲との調和よりも、自分たちのルールに従って生きることを重視しがちになる。さらに、イスラム教徒の数が増えると、こうした傾向が加速されてゆく。かくして、ヨーロッパ側の社会との文化的摩擦も目立つようになるのである。ただし、目立つのは事実だし、目立つから不安視されるのだが、具体的に支障をきたすような事態が頻発しているわけではない。イスラム教徒の女性が、自分たちのルールに従って頭巾を被るようになると、そんな姿が至る所で目立つのは事実だが、それで実害が発生するわけではないであろう。

第九章　偶然の歴史の必然的な結果として

人間の法律より優先されるシャリア

　ここから、話は少々ややこしくなる。理屈は以下に記してゆく通りなのであるが、ヨーロッパ社会の日常生活は普通に営まれており、特に対立的な雰囲気があるわけではない。それでも、イスラム教徒は、当然のことながら、イスラム教の教えや規範に従わなければならない。そして、その教えや規範は、「シャリア（イスラム法）」と総称されている。具体的には、預言者ムハンマドが伝えた神の教えを記した正典『クルアーン（コーラン）』と、ムハンマドの言行を弟子たちが伝えた『ハディース』、イスラム法学者（ウラマー）の同意事項である『イジュマー』などの総体が「シャリア（イスラム法）」を構成しているのである。これは、私たち日本人が想像するような単なる宗教教義ではない。シャリアは、法律から道徳や生活規範に至るまで、非常に広範囲に及ぶものなのである。

　しかも、シャリアが神の教えに準拠している以上、それは人間が定めた法律よりも優先されざるを得ない。人間の定めた規則は――法律であれ道徳であれ生活規範であれ――強者や多数派の意見ばかりを反映したものであったり、自分たちの国の都合しか考えないものであったりするので、所詮は不公平なものに過ぎないというわけである。この考え方そのものは、論理的に間違っていない。だが、非イスラム教徒にとっては、シャリアもまた、イスラム教徒という人間が採用した法だということになってしまうのだ。つまり、ヨーロッパ側の立場からすれば、イスラム教徒のコミュニティー（共同体）が独自のルールを持つことは、極端な話、一部の集団が勝手に治外法権を主張しているということにもなるのである。

土地を適用範囲に定める西洋近代の法律

この問題は、かなり難しい。そもそも、イスラム教徒にとっての法であるシャリアは、西洋近代の法律とは適用の仕方からして違うからである。通常、イスラム教徒は、世界を二つに分類する。シャリアの下にある「ダール・ル・イスラム（Dār al-Islām／イスラムの地）」と、それ以外の「ダール・ル・ハルブ（Dār al-Harb／闘いの地）」である。簡単に言ってしまえば、イスラム教徒の土地と、異教徒の土地ということである。実は、かつてのイスラム帝国の時代から、イスラム教徒の土地では、かなり多文化主義が認められていたのだ。イスラム帝国では、人頭税（ジズヤ）さえ払えば、異教徒も自分たちのコミュニティー（共同体）に生きることが許されていた。早い話、たとえイスラムの地の中であれ、異教徒が自分の家の中で酒を飲みながら豚肉を食べても構わないのである。

しかしながら、そんなことが許されるのは、あくまでも自分の家や自分たちのコミュニティーの内部のみであって、それをイスラム教徒たちの暮らす空間に持ち込むことはできない。もちろん、非イスラム教徒は、イスラム社会に口を出すことは出来ないし、その聖地に立ち入ることもできない。当然、イスラム帝国の統治に参加できたわけではない。要するに、別生している限り同化は求められないという点で、かなり多文化主義的なのである。

ただし、こうした別生を容認することができたのは、シャリアが人間に適用される法だからである。シャリアが対象とするのは、イスラム教徒のみなのだ。それは、現在でも変わるところがない。これに対して、西洋近代の法律は、いわば土地を適用範囲に定めているのだ。例えば、フランスの地に居る限り、たとえ誰であれ同じくフランスの法律に従わなければならない。オランダでは大麻使用が合法化されているからといって、オランダ人がフランスで大麻を吸えば違法なのである。イスラムの地には、豚肉を食べてもよい者と食べてはならない者がいるが、フランスには、大麻を使用してもよい者などいないのだ。法律は、人間に対してではなく、土地を範囲に適用されるからである。したがって、ヨーロパ諸国では、何教徒であれ一夫多妻制は禁止だし、性別による差別は許されない。もちろん、宗教によって参政権や税金に差が付けられることも有り得ない。逆に言えば、イスラム教徒であれ何教徒であれ何国人であれ、自分がいる土地のルールを守らなければならないのである。

しかしながら、イスラム教徒は、たとえ異郷の地に暮らそうとも、何よりもシャリアを守らなければならない。イスラム教徒である以上、豚肉を食べてはいけないし、特別な事情がなければ礼拝やラマダン月の断食（サウム）をしなければならない。[*80] また、女性は人前に出れば頭巾（ヒジャブなど）を被らなければならない。まあ、そんなに大したことではないように見えるのだが、こうした行為がヨーロッパに持ち込まれると、ややこしい事態も発生してしまう。

多文化主義の失敗

フランスでは、二〇〇三年、イスラム教徒の女生徒が公立学校で頭巾を着用することの可否が大問題になった。だが――頭巾の種類にもよるが――それを認めると、試験の際に本人確認が出来ないのだ。しかも、理由が何であれ、女性にだけ特定の服装を義務づける規則は、両性平等の趣旨に反するため、認めるわけにはゆかないのである。

あるいは、敬虔なイスラム教徒が裁判の当事者になると、断食月は空腹で尋問に堪え難いという理由で裁判自体が延期されてしまったり、開廷中も、礼拝時間のたびに裁判が中断されるといった事態が頻発してしまったのである。イギリスの裁判事情は、さらに混乱している。イスラム教徒たちは、自分たち同士の問題——離婚など——を裁くに当たって、国家の法廷ではなく、独自の「シャリア裁判所」を設けているのだ。二〇〇九年にシビタスという民間研究機関が明らかにしたところでは、全英に八五のシャリア裁判所が非公式に設置されているとのことである。

また、フランスのプールでは、一般に、競泳に使うような水着しか許可されていないのだが、そのことでイスラム教徒の女性が水に入るのを拒まれるという事件も起こった。ボクシングのトランクスのような男性水着でさえ禁止されているのに、イスラム教徒の女性用水着は、ほとんど普通の服と変わらないからである。フランス人からすれば、水の中で洗濯するような形になる水着は衛生上の理由で禁止だということなのだが、イスラム教徒からすれば宗教差別に感じられるのだろう。

もちろん、これらは一例に過ぎず、他にも各所でさまざまな摩擦が生じている。

＊80…ラマダン月とは、ヒジュラ暦（イスラム暦）の第九月のことで、このラマダン月の間は、日の出から日没まで飲食をしてはならない。

こうした中、二〇一〇年一〇月一六日、ドイツのメルケル首相は、多文化主義的な取り組みを「完全なる失敗」だと断言した。さらに、翌年二月五日には英国のキャメロン首相が、その五日後にはフランスのサルコジ大統領が、ともに多文化主義の失敗を明確に認めたのである。

日常を「上手くやる」ことで乗り切る

なるほど、カナダやオーストラリアの先住民、あるいはケベック州のフランス語系住民などが多文化主義を要求するのなら、まだ理解できる。そうした人々は、イギリスに支配される以前から現地に住んでいたからである。だが、ヨーロッパの事情は同じではない。後になって外部から入って来る異文化に対処するのは、厳然たる事実として、非常に困難な作業なのである。[*81] 実際、多文化主義自体は、少なくともヨーロッパには向かないだろう。しかしながら、その一方で、ヨーロッパに住むイスラム教徒の圧倒的大多数は、特に問題も摩擦も起こすことなく、普通に暮らしていることもまた事実なのである。理屈の世界がどうであれ、目の前の日常を生きる人々は、まあまあ上手くやっているというのが実情なのであろう。

例えば、イスラム教徒の女生徒の多くは、登校時に校門の前で頭巾を外し、下校時に校門の前で頭巾を被る。ただ、特に信仰に篤い一部のイスラム教徒たちは、頭巾を外すことを断固として拒み、しばしば私立学校を選ぶ。ところが、フランスの私学はほとんどがカトリック学校なのである。[*82] かくして、フランスのカトリック学校の教室の中をのぞくと、イスラム教の頭巾を被った女生徒が並んでいたりする。奇妙な光景かもしれないが、まあまあ上手くやっているのである。

不正確を承知で敢えて無茶な例え方をすれば、イスラム教にアイデンティティーを求める

＊81…カナダの多文化主義でさえ、後になって外部から入って来る移民には対処できずにいる。カナダでは、政府関連事業に八〇万カナダドルを無利子で融資すれば永住権を与えるという投資移民制度を設けていたのだが、二〇一四年二月、明らかに中国系移民の流入阻止を意図して、突如それが廃止された。二月一九日付の『毎日新聞』によると、「中国系の投資移民は英語が話せず、地域社会にとけ込もうとしない。このまま急増し続けると社会のバランスが崩れる。そんな危惧が高まり、制度の廃止に踏み切った」とのことである。

＊82…二一世紀に入ると、イスラム教系の学校も少しだが出来ている。一例を挙げれば、二〇〇三年にはリルに高校が作られ（Lycée Averroès）、二〇〇七年にはリヨン郊外に中・高校（Groupe scolaire Al Kindi）が作られている。しかし、その数は少ない。とりわけ、国家との協定による補助金で運営されている学校は非常に少ない（創立後の年数などの条件を満たす必要があるため）。

といったところで、ほとんどの者は、阪神タイガースこそ我が命と吠える大阪のオヤジのようなものなのだ。ただ、そんな連中が集団で阪神の帽子を被り、大阪弁で騒ぎながら東京の街を闊歩していれば――本当はタコ焼きのように温かい人々だとしても――何だか怖いと感じる者もいるかもしれない。ただ、顔全体を隠してしまう「ブルカ（burqa）」というアフガニスタン風の女性衣装は、犯罪者の変装に悪用される懸念が指摘され、街中でも禁止すべきだという声も強いが、それ自体ヨーロッパで見かけることは少ないし、マグレブ系移民とは関係がない。[*83]

そもそも、冷静に考えれば、移民や移民系住民との文化摩擦など、メディアを通じて知る事例が大半で、実際に体験することは少ないのだ。それでも、イスラム教系移民の数が増え、その存在が目立つようになる中、移民系住民を巡る〈事件〉が報じられる度に、ヨーロッパの人々が不安を感じることも事実なのだ。自分たちの社会秩序や文化的アイデンティティーが脅かされつつあるというわけである。おそらく杞憂だろうが、心情的には、それもまた分からないではない。

テロや犯罪に対する不安

とりわけ、ヨーロッパの人々が不安を感じているのは、文化的な摩擦以上に、移民の増加に比例して犯罪やテロが増えるのではないかという点である。二〇一四年五月の欧州議会議員選挙において、イスラム教系移民の受け入れに反対するポピュリズム勢力が大いに躍進したのも、こうした不安に後押しされてのことであった。実際、フランスの場合、移民集住地区は荒廃しているという印象――あるいは先入観――が強く、それが治安に対する不安を掻き立てるのであろう。また、アルカイダやイスラム国（ＩＳ）といった、イスラム教を自称する勢力がテロ活動を繰り返すようになったことで、イスラム教徒を見る目に警戒感が入り込み始めたことも否定できない。かくして、〈荒廃した地区に住む移民系のイスラム教徒〉

＊83…顔全体を隠すブルカや、目だけを出すニカブ――サウジアラビアに多い――は、犯罪的利用の阻止という目的で、公の場での着用が二〇一〇年にベルギーで禁止されたのを皮切りに、二〇一一年にはフランスで、二〇一五年にはオランダで相次いで同様の措置が取られた。ただし、二〇〇九年の推計では、そうした類の物を着用しているのは、フランス全土で約二〇〇〇人に過ぎないとのことである（Figaro 紙 2009.9.9 配信）。つまり、フランスに暮らすイスラム教徒女性の九九・九％以上とは無関係なのだ。ドイツではさらに少なく、九九・九九％のイスラム教徒女性とは無関係だということである（Le Point 誌 2016.8.16 配信）。

の存在が、懸念の対象とされてゆくのである。

ただし、移民の排斥を訴えるポピュリズム政党は——少なくとも公式には——人種差別や宗教差別を掲げているわけではない。たしかに、前世紀までのポピュリズム勢力は極右色が強く、過激な差別的言動で世間の耳目を集めていた。だが、その分だけ警戒され、政治的には無力に近かったのである。これに対して、二一世紀に入ると、ポピュリズム勢力も選挙での議席獲得を目指すようになり、極端な主張や暴力的な発言を封印し始めたのだ。その代わりに、民主主義、男女平等、政教分離、表現の自由、治安維持などを訴えるのである。

ポピュリズム政党の巧妙な論法

なぜ、こうした主張が移民排斥に繋がるのかは、少し説明を要するだろう。ポピュリズム政党は、イスラム系移民が女性の権利を軽視し、公共の場に宗教を持ち込み、表現の自由よりも信仰を優先し、国法よりもシャリアを重視し、他宗教や他文化への寛容に欠くと指弾するのだ。つまり、イスラム教徒が増えれば、民主主義や男女平等や政教分離や表現の自由といった大原則が破壊されるというのである。これは、巧妙な論法だ。誰もが肯定すべき価値観を持ち出し、それを口実に移民に対する不安感を煽るからである。その結果、そうした政党も通常の選択肢の一つになりつつある。特に、昔を知らない若年層は、その選択に対する抵抗が小さい。

もちろん、ポピュリズム勢力の言辞は、詭弁である。圧倒的大多数のイスラム教系移民は、特に問題を起こすことなく暮らしているのだ。冷静に考えれば、民主主義や男女平等の否定を訴えているイスラム教系移民など、誰も見たことがないであろう。そもそも、シャリアはイスラム教徒のみに適用されるのであって、他人にまで押し付けられるものではないのである。とは言え、フランスでも、多くの人々が移民系住民の存在に不安を覚えていることもまた、否定できない。移民集住地区の状況が目に付けば付くほど、そうした先入見が膨らんでしまうのであろう。

フランスでは、高度経済成長期以後に形成された移民集住地区の多くが、一九九六年、「都市圏要注意地区（ZUS：zone urbaine sensible）」に指定された。[*84] 端的に言えば、配慮や支援を必要とする困難地区ということになろう。もっと簡単に言えば、経済的に貧しい地区だ。二〇一一年に出された報告では、こうした困難地区では、一八歳から五〇歳までの住民のうち二人に一人は移民もしくは移民系であり、とりわけパリ郊外の場合、その割合が六四％に

＊84…二〇一五年からは「都市政策優先地区（QPV：quartiers prioritaires de la ville）」に受け継がれた。

達するとのことである。[85] その中でも最も多いのは、やはりマグレブ系の人々である。移民集住地区における貧困の連鎖は、二一世紀に入っても終わっていないのだ。

存在しない問題に対しては解決法も存在しない

こうした困難地区において、世帯（生活経済単位）の平均年収は周辺地域の約五六％しかない（二〇〇八年）。また、二〇〇九年のデータでは、貧困線以下の水準にある人口は、三二・四％に上り、周辺地域平均の二・七倍だということだ。さらに、二〇一〇年の数値では、困難地区の失業率は二〇・九％にも達していた。同じ年の全国平均は約九％だったので、これは二倍以上だ。同じ困難地区の中でも、移民系——一世の移民自身も含めて——の人々の失業率は、それ以外の人々に比べて高い。そして、同じ移民系であっても、困難地区に暮らす人々の失業率は、他地区の者より高いのである。困難地区の場合、一般的に学歴水準が他地域より低く、とりわけ高等教育を受ける者が少ないので、就職に不利なのだ。いずれにせよ、こうした地区に住む者の半数——パリ郊外では三分の二近く——が移民系だということになると、移民の存在そのものが不安視されることもまた、無理もないことかもしれない。

ポピュリズム政党は、そこにも付け込む。すなわち、「移民が増えれば犯罪が増える」と喧伝し、人々の不安を煽ることで票を集めるのである。その背後には、メディアの影響もあった。困難地区の様子が報道される度に、人々は不安を募らせたからである。それが、二〇一四年の欧州議会議員選挙でポピュリズム政党を躍進させる原動力となったのだ。だが、「移民が増えれば犯罪が増える」というのは、事実ではない。[*86] 端的に言えば、嘘なのだ。存在しない問題に対しては、解決方法も存在しない。いくら宗教や民族を論じても、全く無意味なのである。

テロの問題にしても、イスラム教系移民の排除で解決するようなものではない。たしかに、イスラム教過激派の仲間入りをする者の中には、移民の二世や三世が多いと言われている。ポピュリズム勢力は、この点ばかりを強調するのだが、物事を短絡的に考えてはならない。二〇一四年にフランスの警察が発表したところによると、イスラム教過激派への関与者は、いわゆる困難地区出身の若者が多数派を占めるものの、中流や上流の家庭の出身者も少

＊85…二〇一一年に発表されたＯＮＺＵＳ（Observatoire national des zones urbaines sensibles）の報告書（Rapport 2011 de l'Onzus - Novembre 2011）による。

＊86…フランス国営テレビ（France 2）で二〇一四年一一月二五日に放送された「Infra Rouge（赤外線）」という番組では、移民と犯罪の問題が取り上げられた。その番組では、各分野の専門家を交えながら、三年の歳月をかけて詳細な統計データが検証されたのだが、その結論は、フランスにおいて犯罪は移民の存在とは全く何の関係もないというものであった（la délinquance n'est en aucune manière liée à la présence d'immigrés sur notre territoire）。

なからず存在し、その割合も増えているということである。[87]さらに、それによると、過激派の活動に参加している者のうち、約二三%はイスラム教と無関係の環境に育った「改宗者」だということなのだ。[88]

あるいは、同じ二〇一四年に発表された民間団体の調査では、イスラム教過激派への関与者のうち六四%が中流家庭の出身で、庶民層は一六%、上流層は一七%だとされている。[89]しかも、出身階層がどうであれ、八〇%の者は、どの宗教の活動も特に実践していない家庭の出身だということである。もちろん、誰が過激派なのかといったことは、普通のアンケートで分かるはずもなく、調査ごとに数字や捉え方に違いが出るのは当然であろう。それでも、少なくとも一般に思われているよりも中流以上の階層の出身者が多い点と、イスラム教過激派に影響される者が若年層に集中しているという認識は、多くの調査で共通している。それらによると、特に多いのが一五歳から二五歳の年齢層で、幅を広げても三五歳くらいだということになろう。

過激化の背景にあるインターネット

いずれにせよ、以上のようなことから浮かび上がってくるのは、移民系であろうとなかろうと、形式的に何教徒であろうと、そんなこととは無関係に、一〇代や二〇代の若者が自ら過激化（auto-radicaliser）する姿なのである。その背後にあるのは、インターネットに他ならない。一九九〇年代頃までのイスラム教過激派は、フランス各地の困難地区に勧誘者を忍び込ませて仲間を募っていた。もちろん、そうした行為自体は継続されている。だが、二一世紀に入ると――とりわけ二〇一〇年代以後――インターネットを通じた勧誘や洗脳が極めて強力に推進されているのだ。それによって、一部の若者たちが、家族にさえ気づかれることなく過激化してゆくのである。だからこそ、フランスの「テロ分析センター」の所長は、「ホームグロウン（自国育ち）テロの脅威は消え去るどころか、何十年も続くだろう」と指摘するのだ（『毎日新聞』二〇一六年一一月二三日）。実際、スマートフォンの普及以後、インターネットの影響力は、想像を超えるものとなった。

＊87…正確には、国家警察の「テロ対策調査室（ＵＣＬＡＴ：Unité de Coordination de la lutte AntiTerroriste）」の発表。また「イスラム教過激派」は「ジハディスト（djihadistes）」という語で表現されている。

＊88…例えば、マキシム・オシャール（Maxime Hauchard）やミカエル・ドス・サントス（Mickael Dos Santos）は、フランス人のイスラム国メンバーとして非常に有名であるが、二人ともヨーロッパ系の家系だし、イスラム教と全く無関係の環境で育った改宗者である。もちろん、圧倒的大多数の改宗者は、過激派とは何の関係もなく、普通のイスラム教徒になっている。

＊89…ＣＰＤＳＩ（Centre de Prévention, de Déradicalisation et de Suivi Individuel）による調査。

例を挙げよう。二〇一三年九月、パリ西郊のコワニェールで、二三歳〜三四歳からなる五人の若者がハンバーガー店に強盗に入った。その目的は、シリアでの「ジハード（聖戦）」に参加するための旅費を得ることであった。問題は、この五人が直接的な知り合いではなく、SNSで誘い合い、フランス各地から集まって来たという点である。インターネットを通じて個別にイスラム教過激派の影響を受けた者たちが、いつの間にかSNSで繋がり、実際に行動を起こしたのだ。まあ、過激と言えば過激だが、発想が幼稚なようにも見えよう。

そもそも、少なくともフランスでは、普通のイスラム教徒でさえ、若年層の多くはスマートフォンで教義や礼拝を学んでいるのだ。とりわけ、「quanticapps」が出している「Coran」や「Salah Apprentissage」といったアプリが利用者を増やしている。移民系の二世や三世がイスラム教にアイデンティティーを求めると言ったところで、自分自身はフランス生まれであり、家族が熱心な信者でもなければ、どうして良いかも分からないからである。だが、当然のことながら、インターネットには危険な情報も潜んでいる。SNSでは、危険な繋がりも発生する。事実として、二〇一四年に独立を宣言したイスラム国（IS）は、巧妙にインターネットを利用しているのだ。通常のイスラム教情報に紛れ込みながら、イスラム教過激派の主張を宣伝し、仲間を募っているのである。だからこそ、世界各地から戦闘員を集めることが出来たのだ。

イスラム教徒を敵視するのは間違っている

インターネットを通じてイスラム教過激派の影響を受け易いのは、社会の中に居場所がない者だと言われている。そうした者たちは、極端な場合、ジハード(聖戦)によって殉教することの中に自分の存在価値を見出すのだ。となると、困難地区に暮らす移民系の若者を惹き付けたところで、何ら不思議ではあるまい。だが、自分の居場所を見つけられない若者など、居住地や宗教が何であれ存在するのだ。そうした状況なので、イスラム教過激派の中には改宗者も少なくないのである。ちなみに、改宗した過激派の方が、むしろ先鋭化し易いと言われている。わざわざ改宗までして突き進もうとした人間であると同時に、普通のイスラム教に接した経験がなく、まともな信仰を知らないからである。

ここで、テロとの闘いにおける敵の姿に想像力を巡らせてみよう。居場所がなく、ジハード(聖戦)による殉教の中にしか存在意義を見出せない若者。これが、テロとの闘いにおける敵の一つの姿なのである。マグレブ諸国では、やはり行き場のない若者たちがイスラム国(IS)に参加している。テロとの闘いは、そうした若者たちを叩きのめす行為でもあるのだ。そんなに悪い奴らなのか……。もちろん、テロリストにもさまざまな者がいるだろう。それでも、各人は命懸けの思いを抱いているに違いあるまい。なるほど、イスラム国（ＩＳ）の手法は反則である。イスラム国（ＩＳ）という名もまた、首謀者たちの自称に過ぎない。だが、そうであるからこそ、イスラム教やイスラム教徒を敵視するのは間違っているのだ。

いずれにせよ、いくらイスラム教過激派によるテロが問題になっているからといって、グローバル化した情報化社会の中で、単に移民を排除するといった原始的な発想は通用しないのだ。そもそも、イスラム教徒を排斥すれば、アルカイダやイスラム国（ＩＳ）から敵視されないようになるわけではないだろう。さらに言えば、ヨーロッパ諸国がイスラム教系移民を排除したとしても、それでアルカイダやイスラム国（ＩＳ）がテロ行為を諦めるわけではあるまい。どのみち、世界中の交通網も情報網も繋がっているのである。

現状に対する不満と将来への不安

移民と犯罪は関係ない。移民を排除してもテロ対策にはならない。これが、事実なのだ。だからこそ、イスラム教とイスラム教過激派を安易に関連づけることは避けなければならないし、イスラム教過激派の問題とイスラム教系移民の問題は分けて考えなければならないのである。逆に、そうした混同こそが、状況を悪化させる要因の一つなのだ。

むしろ、二一世紀のヨーロッパ諸国は――もちろん人数にもよるが――移民を必要とするだろう。一九七〇年代とは違い、多くの先進国が少子高齢化の時代を迎えているからである。実際、ドイツやベルギーは、移民なしでは人口が減ってしまうのだ。フランスにしても、二〇一〇年頃からの合計特殊出生率は約二・〇の水準を回復しているが、一九七五年頃から二〇〇五年頃までは少子化の時代であり、その埋め合わせには移民が必要なのである。そうでなければ、福祉社会を維持できない。なるほど、移民系住民の収入や失業率を考えれば、福祉に貢献する存在ではなく、むしろ福祉タダ乗りという批判さえ受けるような状況なのであろう。それでも、人口の年齢構成だけに着目すれば、移民は不可欠なのである。そもそも人数が足りなければ、どんな対策も物理的に不可能なのだ。

結局、いわゆる〈イスラム教過激派〉にしても、ヨーロッパの移民系住民や反移民勢力にしても、イスラム国に参加する若者にしても、それぞれが抱えているのは、現状に対する不満や将来への不安なのだ。中東や北アフリカの人々は、過去の植民地支配の後遺症を引きずっているし、欧米諸国のイスラエル政策に翻弄されて来た。だが、ユダヤ人にしても、激しい迫害を受けて来たのだ。さらに言えば、バスク人もベルベル人も北アイルランドのカトリック教徒も、さんざん少数派の辛酸を嘗めて来たのである。そうした人々が不満を表明し、時として怒りを爆発させるのは、ある意味で当然なのである。ついでに言えば、一九世紀末に帝国主義を支持したイギリスの庶民にしても、階級社会の中で苦しい立場に置かれていたし、イランの宗教保守派もまた、パフレビー政権下で抑圧され続けた人々なのだ。

同様に、第二次世界大戦後の高度経済成長期にヨーロッパに渡って来た移民系住民もまた、時の経済情勢に巻き込まれた上、想定外の永住を余儀なくされ、世代が代わっても困難地区の住民であり続けているのである。その一方で、ヨーロッパ側の人々もまた、グローバル化や欧州統合の波に直撃され、自分たちのアイデンティティーの危機を感じているのだ。こうした中、さまざまな理由で居場所を見つけられない若者たちが、移民系であれ誰であれ、イスラム教過激派に惹かれてしまっているのである。

テロとの闘いの目的はそれを終わらせること

誰が悪いのか。いつ、何を間違えたのか。そんな問いに答えは出ない。イスラム教が悪いのではない。ヨーロッパ文明が悪いのではない。文明の衝突が起きているわけでもない。何もかもが、偶然の歴史の必然的な結果なのだ。だからこそ、知らなければならないのは、現実的な歴史であり、具体的な政治状況であり、同時代に生きる人間の所業なのである。もちろん、仲良くしなさいと言うだけでは解決しない。だが、勝負をしましょうでは最悪だろう。

しかも、その勝負が反則合戦になってしまったのでは、泥沼でしかない。だから、テロとの闘いの目的は、それを終わらせることであり、勝つことであってはならないのである。

世界には、豊かな国と貧しい国がある。どの国の中にも、貧しい者と豊かな者が暮らしている。そして、多くの者たちが、そうした現実を、公正な競争の結果などではなく、理不尽な運命だと感じている。そうした事態を終わらせなければ、テロとの闘いが終わることもないだろう。宗教や文明を論じる前に、その事実を直視しなければならない。真の意味でのテロとの闘いは、究極のところ、格差との闘いであり、不平等の連鎖との闘いなのである。

なぜ、二一世紀がテロとの闘いの時代として始まってしまったのか。その原因は、当然のことながら、事前に用意されていたはずである。端的に言えば、一九九〇年代に生じた矛盾や歪みが、次の時代の問題を作り出したのだ。周知のとおり、一九九〇年代は、経済のグローバル化が急速に進んだ時代であった。新自由主義的な経済観の下、格差と不公平ばかりが世界中に蔓延した時代だったのである。そこでは、自由競争が叫ばれる一方、競争の目的が独占を防ぐことだということが忘れられていた。そして、競争とは、同じスタートラインを保証された者たちが、公平のルールの下、客観的な審判を伴って行うものだということが忘れられていたのである。これでは、歪んだ状態が生まれるのも当然であろう。

私たちは、どうすれば幸福になれるのか。その第一条件は、住みよい社会に暮らすことである。いくら金儲けをしたところで、戦禍に巻き込まれた社会や、テロの恐怖に怯え続ける世界の中では、誰も幸福になれない。自分たちが幸福になるためには、皆にとって良い社会、皆にとって良い世界を作ることを考えなければならないのである。とりわけ、子や孫の世代のことを考えるならば、残すべきは、より良い世の中であろう。最も危険なことは、多くの人々が、こうした現実から目を背ける状況である。

二一世紀の最初の年、真っ先にテロの標的になったのは、ニューヨークの世界貿易センタービルという、いわゆる〈勝ち組〉の象徴であったことを忘れてはならない。もちろん、そのテロ行為自体は、無茶苦茶な暴挙である。だが、たとえそうであっても、自らの命と引き換えに〈勝ち組〉の象徴を破壊することを選んだカミカゼたちは何が許せなかったのか。そこまでした理由を、真摯に直視しなければならないのだ。

おわりに

二一世紀の世界は、明るい幕開けを迎えることが出来なかった。いわゆる九・一一テロの後も、状況は悪化するばかりのようにさえ見える。では、どうすれば良いのか。もちろん、魔法のような解決法など存在しない。ただ、最後に、一つの小さな事例を紹介しておこう。

二〇一六年七月二六日、フランス北部に位置するルーアン（Rouen）郊外の小さな町で、二人のテロリストがカトリック教会を襲撃し、五人を人質にして立てこもった。容疑者は警察に射殺されたのだが、一人の神父が犯人たちに喉を切られて殺害されていた。[*90] 犯行声明を出したのは、イスラム国（IS）である。すると、三日後の七月二六日、その町のキリスト教徒とイスラム教徒は、互いに教会とモスクを訪問し合って祈りを捧げ、犠牲者を追悼した

*90…テロ事件は、サンテチエンヌデュルヴレ（Saint-Etienne-du-Rouvray）という町のサントテレーズ教会（église Sainte-Thérèse）で発生し、その際、ジャック・アメル（Jacques Hamel）司祭が犠牲となった。

のだ。

おそらく、これこそが、テロに対する最高の報復であるに違いない。文明の衝突といった大風呂敷な煽動がどうであれ、地に足をつけて生きる一人一人の人間が、相手を殴り倒すことを拒否し、互いに手を握り合うことを選んだのだ。

握り拳と握手はできない（マハトマ・ガンジー）

あとがき

一九七六年、会田雄次は、『日本人の生き方』（講談社学術文庫）の中で、次のように書いていた。

日本人はハワイへよく行きます。そこでアメリカ人の声です。「おれたちがハワイのワイキキの浜で、ゆっくりと寝ころんで、からだを焼いたりしている。日本人もそのまねをして、シーツを持ってきて寝たりはする。だが、かれらは十分も寝ていない。すぐ立ち上がって、泳ぎに行く、ボートを漕ぐ、スイカ割りをする。なかには、団体で来た連中などで、マージャンをやっているのがいたりする。どうして、ワイキキの浜まででやって来て、マージャンをしなくちゃならないのか」。チョコマカあちらこちら走り回ったり、ガヤガヤやったりしている日本人は、「蝿が周りをブンブン飛び廻っているようで、うるさくてしかたがない」と。

ヨーロッパはどうかといいますと、私は数年前ベルギーを通り、新聞を読んで驚いたのですが、こういうことが書いてあります。「観光バスが大通りの宝石店の前にとまるごとに、中から金歯をはめたドブネズミの大群が降りてきて、あっというまに店のものをみんなさらっていってしまう」。……日本人が戦前のように、まだ国際社会に乗り出していない、貿易品でも、〝安かろう、悪かろう〟で勝負していたころには、ヨーロッパ人にはまだ安心感があった。……ところが、このごろの日本の商品は、〝高かろう、よかろう〟でもって勝負するようになってきた。そして、それがどんどん売れるようになってきた。ヨーロッパ人にとって、これほど腹の立つことはない。何百年もの、おれたちだけが作れるものがあり、おれたちだけが世界をリードしてきた、という自信と誇りが根底からゆるがされてきたのですから。しかも、そういうものを作り出しているのが、見るも醜悪むざんな……日本人であり、礼儀をわきまえない連中である。それが、おれたちのかなわないようなものを作り出して、世界中を売り歩いているとなったら、これはもう憎むのがあたりまえです。

四〇年も後になってから、敢えて論評を加えるつもりはない。まあ、このような次第であり、このように語られていたのだ。いずれにせよ、今となっては昔話であろう。しかしながら、人類の歴史という規模で見れば、たかが四〇年など僅かな時間に過ぎない。そう考えるならば、慌てて「憎むのがあたりまえ」と決めつける必要もなかったと思えるのである。東西冷戦にしても、四四年間のことであった。

これまでの人類が歩んで来た歴史は、非常に長い。そして、これからの歴史は、もっと長い。そのことに、希望を見出したいと思う。本書は、そんな私の気持ちを紡いだ言葉を、晶文社編集部の安藤聡さんが一冊の書物という形に作り上げたものである。私たちの仕事が、後に続く世代に小さな花を咲かせる一助になれば、それ以上の喜びはない。

薬師院仁志

西暦二〇一六年が暮れゆく大阪にて

著者について

薬師院仁志（やくしいん・ひとし）

1961 年大阪市生まれ。京都大学大学院教育学研究科博士後期課程中退（教育社会学）。京都大学教育学部助手を経て現在帝塚山学院大学教授（社会学）。主な専攻分野は、社会学理論、現代社会論、民主主義研究。主な著書に『禁断の思考：社会学という非常識な世界』（八千代出版）、『民主主義という錯覚』（PHP 研究所）、『社会主義の誤解を解く』『日本語の宿命』『日本とフランス二つの民主主義』（以上、光文社新書）、『政治家・橋下徹に成果なし。』（牧野出版）、『ブラック・デモクラシー』（共著、晶文社）など。

犀の教室
Liberal Arts Lab

「文明《ぶんめい》の衝突《しょうとつ》」はなぜ起《お》きたのか——対立の煽動がテロの連鎖を生む

2017 年 1 月 25 日　初版

著　者　薬師院仁志

発行者　株式会社晶文社

東京都千代田区神田神保町 1-11 〒101-0051

電　話　03-3518-4940（代表）・4942（編集）

U R L　http://www.shobunsha.co.jp

印刷・製本　中央精版印刷株式会社

ISBN978-4-7949-6828-9 Printed in Japan